中老年人智力游戏精选

彭华茂 ◎ 编著

大连理工大学出版社
Dalian University of Technology Press

《老同志之友》杂志社

图书在版编目（CIP）数据

中老年人智力游戏精选 / 彭华茂编著 . — 大连 : 大连
理工大学出版社 , 2013.3
（银发潮·中国系列丛书 . 中老年生活指导系列）
ISBN 978-7-5611-7519-4

Ⅰ.①中… Ⅱ.①彭… Ⅲ.①中老年人—智力游戏
Ⅳ.① G898.2

中国版本图书馆 CIP 数据核字 (2012) 第 310587 号

大连理工大学出版社出版
地址：大连市软件园路 80 号　　邮政编码：116023
发行：0411-84708842　传真：0411-84701466　邮购：0411-84703636
E-mail:dutp@dutp.cn　URL:http://www.dutp.cn
大连金华光彩色印刷有限公司印刷　　大连理工大学出版社发行

幅面尺寸：168mm×235mm　　印张：12.75　　字数：190 千字
2013 年 3 月第 1 版　　　　2013 年 3 月第 1 次印刷

责任编辑：邓玉洁　　　　　　　　　　责任校对：王　丽
　　　　　封面设计：黄敏青

ISBN 978-7-5611-7519-4　　　　　　定　价：32.00 元

总序 FOREWORD

据我国第一部《老龄事业发展报告（2013）·老龄蓝皮书》披露，截至 2012 年底，我国 60 岁及以上老龄人口达到 1.94 亿，占总人口的 14.3%，其中 80 岁及以上高龄人口达到 2273 万人。2013 年老龄人口总量将突破两亿大关，老龄化水平将达到 14.8%。另据预测，到本世纪中叶，将迎来老龄人口顶峰值 4.83 亿，约占总人口的 35%，其中 80 岁及以上高龄人口将达到 1.08 亿。届时，每三个人中就有一个老人。全球每四个老人中有一个是中国老人。凸显了"未富先老"、"未备先老"、空巢化与失能高龄化日益加剧的主要特征。

老龄化带来的挑战是全局性的。一是全社会没有做好应对人口老龄化的准备，包括物质和精神的准备。二是贫困和低收入老年人群数量较大，家庭养老功能弱化。三是作为世界上失能老龄人口最多的国家，我国面临的失能老人照护服务压力超过世界上任何一个国家。四是繁荣老年文化的终极意义在于增强老年人的幸福感。处在接近或达到小康生活的老人们，对"颐养天年"有新的理解，花钱买健康、老年上大学、异地养老、境外旅游成为新时尚。繁荣老年文化，让晚年生活充满阳光、绿色、欢笑，莫道桑榆晚，释放正能量。

党的十八大作出了"积极应对人口老龄化，大力发展老龄服务事业和产业"的战略部署。新修订的《老年法》也将"积极应对人口老龄化"上升到法律的高度，确定为国家的一项长期战略任务，国家和社会应采取有效措施，健全保障老年人权益的各项制度，逐步改善保障老年人生活、健康、安全以及参与社会发展的条件，实现老有所养、老有所医、老有所教、老有所学、老有所乐、老有所为。国务院发布的《中国老龄事业发展"十二五"规划》进一步指明了推进老龄事业发展的指导方针和工作目标，建立六大体系、实现"六个老有"目标：建立健全老龄战略规划体系、社会养老保障体系、老年健康支持体系、老龄服务体系、老年

FOREWORD

宜居环境体系和老年社会工作体系。就社会整体而言，如何搞好老年保障、老年健康、老年心理慰藉、维护老年人的合法权益以及为老年人提供丰富多彩的精神文化生活，让老年人活得健康快乐，活得体面有尊严成为全社会关注的热点问题。

我们推出《银发潮·中国系列丛书》是遵照党的十八大作出的"积极应对人口老龄化，大力发展老龄服务业和产业"的战略部署提出的。本丛书是本着贴近生活、贴近实际的主旨，摸准老年人的阅读习惯，由大连理工大学出版社推出的中老年人大众读物。本系列丛书分为三大系列：老年学术专著系列、老年大学教材系列和中老年生活指导系列。一是老年学术专著系列，以全国各大学社会学、老年学、人口学、公共管理学等专家学者以及老龄工作机构、老年学学会为依托，编辑出版能反映他们最新研究成果的图书。同时翻译出版介绍日本应对人口老龄化成功经验的专著和指导老后生活的畅销书。二是老年大学教材系列，包括老年大学、高职高专教材以及社会工作、老龄护理岗位培训类教材。三是中老年生活指导系列，试图打造成"中国式"居家养老必备手册类图书。为即将步入老龄期的人群提供一个养老规划，引导他们在"过渡期"生活理念、生活方式有所转换，淡定地进入退休生活；为已经进入老龄期的人们提供一系列健康养生、食品保健、出行旅游等生活指导；为低龄老人提供一系列老有所为、老有所乐的趣味读物，引导他们在发挥"潜能"、量力而行为社会做贡献的同时，过一个多彩多姿的晚年生活。

本套丛书具有探索的性质，难免有粗糙、不足之处，诚请专家学者和广大读者不吝指正。

2013 年 3 月

2

前言 PREFACE

2008 年，第一次接触到 **"老年人智力运动会"** 这个说法。我的同事王大华教授为北极寺老干部服务管理局离休老干部们做老年心理保健讲座，与时任副政委的金明武先生畅谈如何做好老干部心理健康工作时，在二人的思想碰撞中，"老年智力运动会"的想法产生了。而彼时，我俩在延续师承关于老年心理的十数载研究之后，正有意在老年认知能力的基础理论研究上，将研究成果转化为可以用来帮助老年人维护和促进认知能力的实践方案。这与"老年智力运动会"的想法不谋而合。

"智力运动会"的想法也延展至我的课堂教学中。在教学中我发现，让学生亲自动手把心理学典型的认知测量任务改编成智力运动会的比赛项目，是一个很好的促进学生理解知识的方式。同时，也为学生展示了心理学在日常生活中应用的一个典型。学生们很乐意做这个事情，于是一届一届坚持下来。几年下来，积累的学生改编的游戏方案已近 300 个，而且一年比一年质量好。每每见到优秀的游戏方案，赞叹之余不由得冒出这样的想法：如果能够集结成册该多好！恰逢大连理工大学出版社编辑来京，商谈出版服务于中老年人的系列书籍，我把这个意思表达后，出版社给予了大力的支持，并敦促我着手编写这本《中老年人智力游戏精选》。

我从北师大心理学院 2009 级本科生提交的智力运动会项目设计中，挑选了 44 份优秀的设计。这 44 份设计主要围绕执行功能的四大子功能：双任务协调、抑制优势反应、注意转换、记忆更新，对斯特鲁普任务、n-back 任务、任务转换、信号停止任务等进行了改编。当然，作为学生设计的作品，还有很多疏漏之处。于是我又请我们老年心理实验室的 3 名研究生龚先旻、王倩蓉和高悦对原设计进行了再加工，力争让每一个游戏方案在游戏环节上更清晰，在游戏材料上更丰富，在整体设计上更适合老年人。

所以，读者可以看到，本书中每一个方案的署名都有两位作者，前一位是方案原设计者，后一位是负责加工整理的作者。

本书的内容可以分为两大部分。第一部分是一个简要的理论介绍，介绍了执行功能的概念、子功能以及相应的测量方法、有关老年人执行功能的训练研究，同时也介绍了随着年龄的增长，智力的变化规律。目的在于，读者能够通过这部分的介绍，了解到人到了老年期，并不是所有的智力都会衰退。实际的情况是，人上了年纪，流体智力（如机械记忆能力）会有所下降，但晶体智力（如专业技能、语言理解）还能有很好的保持。而执行功能的下降则和流体智力的衰退有着密切的关系。另外，也希望读者可以从这部分介绍中了解到，本书中的训练游戏方案的设计都是有据可循的。读者可以对照这部分有关执行功能测量方法的介绍，了解每个训练游戏实际上是针对哪种能力进行训练的。第二部分是具体的训练游戏方案，以四种执行功能的子功能为主，另外还有一些与执行功能相关的其他认知能力的训练方案，如工作记忆、前瞻记忆（记住将来要做的某个事情）、推理、心算、反应速度等。

本书中的训练游戏方案，既可以用于组织团体的智力运动会，又适合老年人在家中与家人、朋友自娱自乐。如果要组织一场智力运动会，建议总体时间为1小时。如果有4组老年人参加，每组5人的话，3-4项比赛项目比较适中。书中列举了各个方案用到的材料，组织者在组织运动会时，可以根据自身条件和老年人的情况灵活地选择恰当的材料。

生活中脑力锻炼的方法很多，本书提供的方法也只是管中窥豹，如果能帮助人们建立起老年人智力保健的意识，则是本人最大的荣幸。

2012年孟夏于北师大

目录 CONTENTS

CONTENTS

CONTENTS

第七章 基本心理能力

导 论
执行功能与老年人的智力

人一上了年纪，就容易感到自己的脑子不如从前好用了。这样的事情可能很多老年人都遇到过：

听人讲解一个新产品，新名词很多，记得住上句，明白不了下句，光记新名词的意思就很吃力了，更不要说弄明白这个产品是做什么用的。

面对家里若干个遥控器上的各色按钮，有点无从下手的感觉。

从厨房走向冰箱，打算拿根黄瓜，打开冰箱门的时候却突然忘了自己要拿什么。

和别人聊天，常常被心里突然冒出的别的事情打岔，结果说的话跑题老远。

正在找东西，孙子来问问题，发现自己不能一心两用，只好对孙子说到："你先等等，等爷爷找到这个东西的再跟你说。"

如果类似上面列举的现象经常发生，那说明老年人的执行功能出现了下降。什么是执行功能？它对于人的智力有什么影响？人老了，是不是智力就全部衰退了？老年人的智力能够有办法得到维持或者改善吗？我们先从智力的终生发展规律说起。

一、流体智力和晶体智力的终生发展规律

人的智力并非只有一种，相反，每个人都存在着多种智力。心理学上对智力种类的划分，最公认的划分方法，是根据智力在人的一生中的不同发展趋势以及智力和先天禀赋与社会文化因素的关系，将智力分为流体智力和晶体智力。

流体智力，英文是 fluid intelligence，"流体"是英文"fluid"

的翻译。"fluid"有流动的、容易变的、不固定的意思。流体智力在人的一生中的发展变化正是体现了这样的特征。流体智力是人对新事物学习的能力，它不依赖于文化和知识背景。这种能力让一个人生来就能进行智力活动，即学习和解决问题。流体智力的高低依赖于先天的禀赋，随着大脑神经系统的成熟而逐渐提高，和一个人是否受过教育、生活在哪种文化环境下没有太大关系。

哪些是流体智力呢？我们举几个例子看看。记忆尤其是机械记忆是其中的典型。记忆能力是我们生来就有的。比如一个婴儿可以记住妈妈的声音、记住如何咀嚼食物、记住如何爬行和迈步、记住如何呼唤爸爸妈妈……可以说婴儿的成长片刻不离记忆的帮助。

推理能力也是流体智力的一种。说到推理，可能很多人会想到福尔摩斯，想到侦探小说和电影，其实日常生活中的推理没有文学作品中表现得那么复杂，人人都是推理高手，只不过生活里的推理比较隐蔽，我们不太容易觉察到。比如从这样一句话里我们能了解到什么信息呢？

"小王中午去稻香村熟食店了，晚上小张有包子吃。"

我们可以从这句话的前后意思里推测出：小王去稻香村帮小张买了包子！这就是一个推理过程，根据事物已有的关系来判断隐含的信息。有些推理需要一定的文化知识才能完成，比如我们说"面包和牛奶"相当于"油条和_____"，答案是"豆浆"。这个推理过程实际上需要借助对中餐早点和西餐早点习惯的认识。但是，就推理能力本身而言，是人天生具备的。为了避免文化知识可能造成的影响，心理学经常用一些图形关系测验来测量一个人的推理能力的高低，这样的测验往往利用一些系列图形来考察人对这些图形内在关系的认识。瑞文推理测验就是心理学上

使用最广泛的图形推理测验。

空间定向能力是另一种常见的流体智力。从名称上看，空间定向就是辨别方向。实际上空间定向包括了对二维或三维空间结构的认知和操作能力，不仅是辨别空间方向，也包括辨别客体对象的空间位置关系。也就是说空间定向不仅是辨别东南西北，还要分清不同物体之间的上下左右、前后远近的关系等。空间定向能力对于我们的日常生活非常重要，比如是不是认识回家的路。在某些特定职业领域空间定向就更为重要，成为职业必备技能，如汽车驾驶员、飞行员等。

晶体智力，英文是 crystallized intelligence。"crystallized"是结成晶状体的意思。晶状体固定不变，正对应了晶体智力在人的一生中的变化规律。晶体智力是指人获得语言、数学等知识的能力，主要表现为运用已有的知识和技能去吸收新知识和解决新问题的能力。晶体智力决定于后天的学习，与社会文化有着密切关系。

最常见的晶体智力是语义理解能力，也就是你在阅读这句话时表现出来的对语言文字的理解能力。这种能力是经过文化教育获得的。比如受教育水平较高的人可以理解什么叫"学富五车"，而没有受过教育或者文化水平较低的人理解起来就比较困难。

算术也是通过后天学习获得的能力。虽然心理学研究已经发现，几个月大的婴儿就已经有了"1+1=2"的概念，但是系统的算术知识，如进位、总和、连续加减、补整等，必须要经过学习才能获得。

另外，诸如专业技能、问题解决能力，乃至洞悉人情世故的智慧，都是和知识、经验、阅历息息相关的晶体智力。

流体智力和晶体智力在人的一生中是如何发展变化的呢？

心理学家分别选取了不同年龄段的人群，测量他们的流体智力和晶体智力。结果发现了不同的变化曲线。

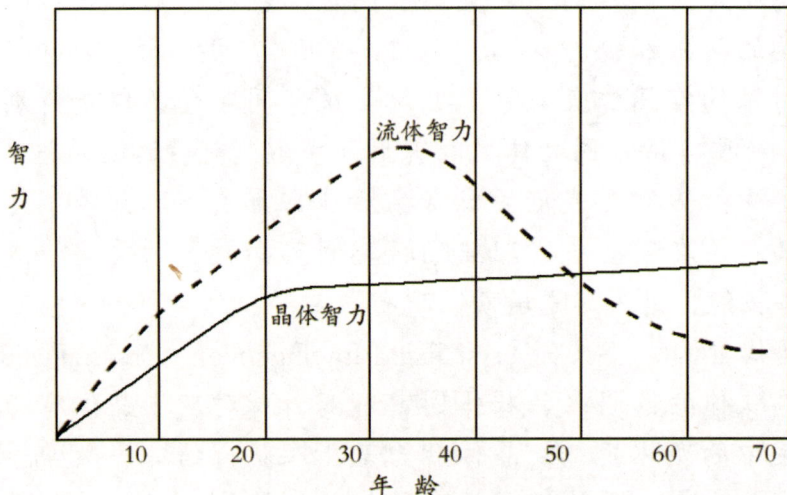

图 1 智力变化与年龄的关系

（采自 Spear, et al., 1988.p694）

从图 1 我们可以看到，流体智力从人出生开始，一直呈上升趋势，到 30 岁左右达到最高峰，之后呈下降趋势。而晶体智力则是从人出生开始，一直呈上升趋势，20 岁之前上升比较快，20 岁之后趋于平缓，但仍旧保持上升的趋势。

图 1 的结果是在不同年龄段的人群中进行智力测验获得的。这里面其实存在一个问题，那就是不同年龄段人群的横向比较是否能够代表一个人一生中智力的真正变化趋势？如果找一群人，从他们年轻时候开始测量他们的智力水平，每隔一段时间就测一次，直到他们进入老年，这样是不是就可以看到一个人一生的智力变化规律？心理学上有一项著名的追踪研究，进行了这样的工作。

这项研究是由美国心理学家沙依（Schaie）领衔，从 1956 年开始在美国西雅图进行的追踪研究，因此被称作西雅图追踪研

究。沙依在研究中主要选用了五种基本心理能力作为智力的代表，即数字、词语理解、词汇流畅性、推理和空间能力。其中数字、词汇理解、词汇流畅性属于晶体智力，推理和空间定向属于流体智力。

西雅图追踪研究在 1956 年进行第一次测试时是以 1889 ～ 1938 年出生的成人为研究对象，也就是说这些人第一次接受测试时年龄在 18 岁到 67 岁。以后每隔七年都对这些人进行重测。当然这七年中难免会遇到研究对象去世、搬迁、退出研究等情况，所以每次重测都会补充一些年龄范围相当的新对象。时至今日，这项巨大的研究工程仍然在进行，前后已经持续了 56 年。

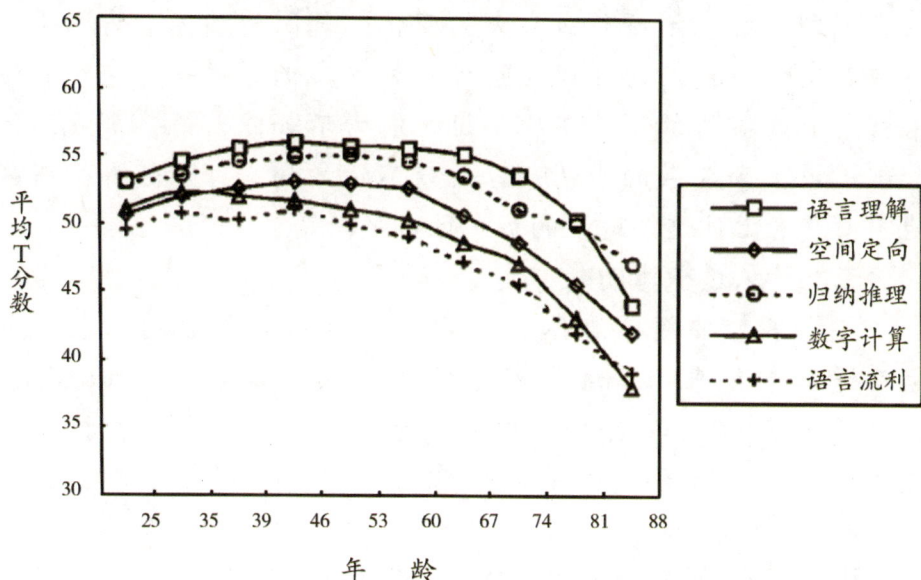

图 2 基本心理能力单项评分 1991 年纵向平均 T 分数估计

资料来源：乐国安，曹晓鸥．K.W.Schaie 的"西雅图纵向研究"——成年人认知发展研究的经典模式．南开学报（哲社版），2002（4）

研究表明，纵观整个成年期，不同的基本心理能力具有不同的发展轨迹，空间与推理能力随年龄增长呈下降趋势，而词语流畅性、词语理解与数字能力则保持稳定或稍有提高，如数字能力在40多岁时才达到顶峰，词语流畅性、词语理解能力在39～67岁一直处于最高水平。大部分基本心理能力的显著下降都出现在67岁之后，并且个体之间的发展差异非常大，有的人可以一直保持流体智力基本平稳到70岁，而有的人很早就表现出智力下降。

从上面谈到的有关流体智力和晶体智力终生发展规律可以看到，流体智力在人的一生中是不断变化的，而晶体智力基本保持稳定。人上了年纪以后，感觉脑子没有以前好用，实际上是我们的流体智力下降的表现。流体智力下降，并没有让老年人感觉到自己生活有多么重大的变化，是因为晶体智力水平保持依然良好，我们的知识经验可以帮助我们寻找一些应对办法来弥补流体智力的下降。比如记忆能力不如以前好，那就用笔和纸记录下来要做的事情；容易分不清方向，可以随身带一张地图，或者记住这个地区的标志性建筑等等。

二、什么是执行功能

我们不禁要问，流体智力为什么会随着年龄的增长而衰退？近二十年来，心理学家先后发现加工速度、工作记忆、抑制、感觉功能与流体智力的衰退有关。而近年来，执行功能作为另一个重要的影响流体智力的因素，引起了人们更多的注意。

执行功能是人们对自己的思想和行动进行有意识控制的心理过程，尤其是在完成一项复杂的认知任务时，执行功能的作用更为明显。比如，当我们玩扑克牌时，每一次决定出哪一张牌，这其中都包含着复杂的心理过程。我们需要辨别

别人出牌的花色和大小，回忆对手出过哪些牌，判断对方出牌的目的，控制自己不受围观者意见的干扰等等。要很好地完成出牌这一活动，就需要我们的大脑对各种心理过程进行协调和控制，这种协调和控制能力就是执行功能。执行功能好像企业的管理人员一样，或者说像人们口中常说的 CEO 一样，不属于哪个具体的职能部门，但他监管和协调各个部门的正常运转。

执行功能并不是一个单一的认知功能，根据具体负责的内容，可以分为双任务协调、抑制优势反应、注意转换、记忆更新四种主要的子功能。

双任务协调就是协调完成两项同时进行的任务的能力。比如，一边数钱一边回答问题，一边看电视一边切菜等等。老年人通常单独完成一项任务问题不大，但当两个任务同时进行时，如何在两个任务之间协调分配自己的注意力，老年人要比年轻人感到更大的困难。

抑制优势反应是指对那些有很强倾向的反应进行有意识的控制。比如说，我们坐在桌前准备吃饭，大多数人看到筷子时第一反应都是用右手去拿，这个右手拿筷子的反应就是一种优势反应。如果这顿饭要求大家用左手吃饭，那么控制自己不用右手就是一种抑制优势反应。心理学中常用来测量抑制优势反应能力的有斯特鲁普任务（Stroop 任务）、信号抑制任务和反眼动任务。

斯特鲁普任务很有趣，是用彩色书写一个颜色字，比如用蓝色书写"红"这个字，要求被测试者快速判断这个字是用什么颜色写的。这时需要抑制的优势反应就是对"红"这个字的字义的反应。

信号抑制任务，通常请被测试者通过按反应键来判断计算机

屏幕上呈现的一个数字是奇数还是偶数，当偶尔听到"嘀"的声音时，要求被测试者不作判断，抑制自己的按键反应。由于"嘀们"声不常出现，所以按键判断奇偶数是一个优势反应。不按键，就是抑制优势反应。

反眼动任务，通常是先在计算机屏幕中央呈现一个注视点，比如一个"+"，然后在注视点的一侧，比如左侧，呈现一个线索物（一个箭头），随后在线索物呈现的另一侧（右侧）呈现目标物（另一个箭头），要求被测试者尽快判断这个目标箭头的指向。在这个任务中，我们的眼睛通常有一个习惯性的反应，就是在线索箭头出现后，会认为下一个箭头也会出现在线索箭头的同一侧。结果目标箭头出现在另一侧。这就需要我们抑制往左边（线索箭头的位置）看的优势反应。

注意转换，是指根据任务要求转变自己的注意焦点。现在家里往往有好几个遥控器，电视机的、机顶盒的、DVD机的，不同的遥控器上按钮对应的功能是不一样的。可能电视机遥控器上按右边的按钮是往后换频道，而DVD机遥控器上按右边的按钮是调大音量，这就需要我们在使用不同的遥控器时，要及时调整注意的内容。老年人常常对家中的若干个遥控器产生难以使用的感觉，也和注意力不能在不同遥控器之间及时转换有关。心理学中最常用的测量注意转换的办法是，在下面这个田字格中，会随机出现一个数字。当数字出现在上面两格时，要求判断这个数是大于500还是小于500；当数字出现在下面两格时，要求判断这个数是奇数还是偶数。因为不知道数字会出现在哪一格，所以对被测试者来说，任务的要求随时都可能变化。这就需要被测试者随时改变自己的注意焦点。在这种需要转换的任务中，被测试者对数字的判断时间要比单纯判断奇偶数或者是否大于500的时间要长。注意转换能力好的人，这个时间差会越短。

图 3 任务转换测验

记忆更新是指根据任务的需要，不断更新头脑中正在使用的信息，纳入有关的新信息，抛弃无用的旧信息。比如玩扑克牌时，重要的是记住最近两轮大家都出过什么牌，而之前出过什么牌可能都不重要，所以我们头脑中对牌的记忆是在不断刷新的。心理学中常用动态记忆任务和 n-back 任务来测量记忆更新。

在动态记忆任务里，研究人员会在计算机屏幕中央以一秒一个的速度呈现一串数字，要求被测试者随时记住该串数字的最后几个（如最后 3 个），直到呈现完毕。由于被测试者不知道这串数字什么时候呈现完毕，就需要不停地刷新记忆中的数字。比如数字串是 3，5，6，2，1，6，7，8，4，7，9……数字逐一呈现，被测试者脑子里要记住的数字就是"356"——"562"——"621"……数字串越长，记忆更新的难度就越大。

n-back 任务实际上是一系列不同难度任务的统称，可以是 2-back、3-back、4-back 等等。n 的数值越大，任务越难。我们以 2-back 任务为例来说说记忆更新是怎样测量的。研究人员会呈现一串数字（也可以是字母等），要求被测试者从第 3 个数字开始，判断这个数字是否和之前出现过的某个数字相同。这个"某个数字"指的是从当前这个数字开始，往前数第 2 个数。比如

数字串 3, 5, 6, 2, 1, 2, 7, 8, 7, 7, 9······，从第 3 个数字 "6" 开始判断，"6" 和 "3" 是否相同，"2" 和 "5" 是否相同，"1" 和 "6" 是否相同······要完成这个任务，被测试者需要不断地在头脑中刷新数字串，也就是要不断地更新数字串最后 3 个数字。类似的，3-back 就是和往前数第 3 个数字相比较，4-back 就是和往前数第 4 个数字相比较。和动态记忆任务一样，数字串越长，记忆更新的难度就越大。

三、执行功能的可塑性

很多心理学研究都发现，老年人日常生活里的记忆、推理、空间定向等多种认知能力的衰退都和执行功能的衰退有关系。假如我们测量一组老年人的记忆能力、归纳推理能力等，同时测量他们的双任务协调、抑制优势反应、注意转换和记忆更新等执行功能，会看到那些执行功能测验成绩比较好的老年人，记忆、推理等测验的成绩也比较好。我们自然而然地会想到，如果对老年人的执行功能进行训练，会不会促进其他认知能力的提高呢？这个问题其实包含了两个子问题：一是老年人的执行功能通过训练能得到提高吗？二是执行功能提高后，能改善其他认知能力吗？

2008 年德国马普人类发展研究所发表了他们做的一项老年人记忆更新训练研究结果。在这项研究中，老年人和年轻人都接受了为期 45 天，每天 15 分钟的 2-back 任务训练，结果发现老年人训练后的成绩比训练前的成绩有了明显提高，判断的正确率从训练前的 55% 提高到 88%，反应时间也缩短了一倍。老年人训练后的成绩能够达到年轻人训练前的水平。而且训练效果在 3 个月后的测查中仍然存在。其他对注意转换、抑制优势反应、双任务协调的干预研究，也都表明，老年人的执行功能是可以通过训练得到提高的。

　　我们课题组曾经做过这样一项干预研究。对一组80岁以上老年人进行抑制优势反应和注意转换的训练。我们根据斯特鲁普任务的原理训练抵制优势反应，研究人员设计了不同颜色书写的"红"和"蓝"以及不同字号的"大"和"小"，需要老年人判断字是用什么颜色写的，或者这个字的字号是大还是小。利用扑克牌作为训练材料训练注意转换。当研究人员把扑克牌放在自己的头上方时，需要老年人念出牌上的数字；当研究人员把扑克牌放在自己头以下时，需要老年人念出牌的花色。或者是看到红色（红桃和方块）扑克牌时，念出牌上的数字；看到黑色（黑桃和草花）扑克牌时，念出牌上的花色。每天训练30分钟，一共持续了10天。训练前后，老年人都接受了相关的执行功能和认知能力测验。与没有参加过训练的同龄老年人相比，这些老年人的工作记忆和图形归纳推理测验成绩，训练前后出现了显著的差异，也就是训练后的测验成绩比训练前的测验成绩有了显著的提高。这证实了心理学家的假设，即执行功能的衰退可能会引起其他认知能力的衰退。同时也证明，即使到了80岁高龄，老年人的流体智力仍然是有可塑性的，可以通过训练得到改善。

　　不过，在这些有关老年人执行功能训练的研究中，研究人员发现了一些共同的问题。比如，单纯的实验室任务训练虽然可以帮助老年人在认知测验上表现得更好，但是老年人很难把接受的训练应用到自己的生活中。研究人员认为这是因为在实验室里进行的训练，和老年人的日常活动联系不够紧密，老年人很难在实验室训练和实际生活之间找到联系，所以不能"学以致用"。如果训练任务更生活化一些，效果可能会更好。还有一个问题是，并不是所有的训练效果都可以长期保持。有的训练效果可以保持3个月，有的可以保持一年，但也有研究发

现训练效果仅隔几个月后就消失了。这其实也在提示我们，走出实验室之后，老年人如果在生活中不注意锻炼自己的执行功能，这些训练能起到的长期效果就很少。正所谓"刀不磨会钝"，要想维持或改善老年人的流体智力，还需要在日常生活中加强大脑的锻炼，老年人在注意身体保健的同时，也要注意头脑保健。

第一章

记忆更新

在生活中我们经常会发现，老年人接受新鲜事物比较困难。例如，在向老人介绍一个新家电的使用方法时，常常会出现这种情况：儿女费力地讲解了半天，老年人还是一头雾水，不知道这些新功能、新名词是什么。只有一遍又一遍耐心地、慢慢地讲，老年人才能够接受。而很多年轻人则很快就能了解新手机、新家电的使用方法。对比年轻人和老年人，我们可以发现一个显著的区别：年轻人在学习新事物时，可以又好又快地吸收新信息，而老年人则很难做到这一点。除去态度和受教育水平等因素，造成这个差异的主要原因在于年轻人和老年人记忆更新能力水平的不同。当我们周围的环境发生变化时，老年人更容易觉得这个世界变化得快，尤其是老年人生活中接触较少的新事物更是如此。这就是老年人记忆更新能力的减弱，即不能较快地学习新规则、适应新事物的体现。

记忆更新是指为了接受新的信息输入，记忆存储系统做出的协调。记忆更新是执行功能的一个重要组成部分，是根据任务的需要，使当前注意范围内的内容不断更新，纳入新的信息，抛弃无用的旧信息。记忆更新影响着日常生活的各种活动，比如玩扑克牌时，重要的是记住最近两轮大家都出过什么牌，而之前出过什么牌可能就不重要了，所以我们头脑中对牌的记忆是在不断刷新的。

在心理学中，评估记忆更新能力最常用的测验范式是动态记忆任务和 n-back 任务。动态记忆任务在前面的"执行功能与老年人的智力"中已经有所介绍，这里就不再赘述了。这一部分的游戏方案主要以 n-back 任务为蓝本，讲讲心理学中怎么用 n-back 任务来测量一个人的记忆更新能力。n-back 任务实际上是一系列不同难度任务的统称，可以是 2-back、3-back、4-back 等等。n 的数值越大，任务越难。以数字 2-back 任务为例，研究人员给被测试者呈现一串数字，要求被测试者从第 3 个数字开始，判断这个数字是否和之前出现的两个数字相同。比如数字串 3，5，6，2，1，2，7，8，7，7，9……，从第 3 个数字"6"开始判断，"6"和"3"是否相同，"2"和"5"是否相同，"1"和"6"是否相同……要完成这个任务，被测试者需要不断地在头脑中刷新数字串，也就是要不断地更新数字串最后 3 个数字。类似的，3-back 就是和往前数第 3 个数字相比较，4-back 就是和往前数第 4 个数字相比较。测试者能够完成的 n-back 任务中，n 越大，就表示记忆更新的能力越好。

说水果

（贾　悦　龚先旻）

活动时间：每组 2 分钟左右

活动道具：水果图片若干张，计时器

活动人数：20 人（可分为 4 组，每组 5 人）

活动形式：每组派出 3 名队员

活动程序

活动的主要任务是让队员判断图片是否与他前面看过的两张图片中的一个相同。

第一步，展示水果图片样例。

第二步，说明活动规则。

第一阶段任务：每组派出一名队员参加比赛。主持人或助手依次给该队员呈现一系列水果图片。从第三张图片开始要求参赛队员判断该图片中的水果是否和它前面的两张图片中的一个水果相同（即判断第三张图片是否与第一、二张图片之一相同，第四张图片是否与第二、三张图片中的一个相同，依此类推。只要水果名相同就判断为相同，而不用考虑形状是否完全一样）。总共呈现 10 张图片。

第二阶段任务：第一名队员游戏结束后，每组派出另一名队

员，游戏形式和第一名队员参加的游戏形式相同，但难度增加，要求队员从第四张图片开始判断该图片中的水果是否和它前面的三张图片中的一个相同。总共呈现 10 张图片。依此类推，派出剩下的队员参加第三阶段的任务，即从第五张图片开始判断该图片中的水果是否与它前面的四张图片中的一个相同。

第三步，练习，让队员们熟悉比赛程序。

第四步，抽签决定各队的参赛顺序，开始比赛。

计分规则

原始得分： 第一阶段任务每答对一个记 1 分，第二阶段任务每答对一个记 2 分，第三阶段任务每答对一个记 3 分。每组队员得分累加起来成为该组总原始分。

最终得分： 总原始分最高的小组在其总分上加 40 分，第二名加 30 分，第三名加 20 分，第四名加 10 分。

注意事项

1. 水果宜为常见水果种类，图片清晰易辨认。

2. 需要两名工作人员，一名工作人员翻卡片，另一名计时和记分。有条件的可以使用投影设备呈现图片。

3. 工作人员可以事先将图片按一定顺序排列，并在图片背后记上正确答案"相同"或者"不相同"，以便活动时能正确迅速地记录参赛队员的成绩。应该考虑到比赛队员可能会乱猜"有"或者"没有"，因此建议在排序的时候使答案为"有"和"没有"的题各占一半。

参考材料

　　每张图片打印一个水果图片，可以出现形状不一样，但名称一样的图片，比如两张形状不同的香蕉图片。

彩图辨认

（龙 艳 龚先昱）

活动时间：每组 5 分钟左右

活动道具：彩色图片 30 张，计时器，设计好的 4 组跨级条

活动人数：20 人（可分为 4 组，每组 5 人）

活动形式：每组派出 2 名队员

活动程序

第一步，展示彩色图片样例。

第二步，说明活动规则。

初级任务：每组派出一名参赛队员站到指定的跨级条（见图例）处。工作人员向所有参赛选手依次呈现彩色图片。从第三张图片开始参赛队员需要判断图片颜色与它前面间隔为 2 的图片颜色是否相同（即第三张与第一张比，第四张与第二张比……），并抢答。答对一张向前进一级，答错一题向后退一级。共有 10 次抢答机会。

跨级条图例

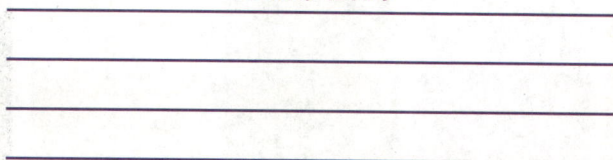

（说明：用粉笔在地面画或者用其他方法均可，能标志出等级就行）

　　高级任务：每组派出另一名参赛队员代替场上的队员（保持原位）。任务形式基本相同，不过这次参赛队员需要从第 4 张图片开始判断与它前面间隔为 3 的图片颜色是相同，并抢答。答对一张向前进二级，答错一题向后退二级。共有 5 次抢答机会。

　　第三步，工作人员向参赛队员们示范游戏玩法，保证参赛队员已正确理解规则。

计分规则

　　最终晋级最多的小组在其总得分上加 40 分，第二名加 30 分，第三名加 20 分，第四名加 10 分。

注意事项

　　1. 需要两名工作人员，一名翻图片，另一名计时记成绩。

　　2. 工作人员可以事先将图片按照一定的顺序排列，并在卡片背后记上正确答案"是"还是"否"，以方便正确记成绩。

　　3. 确保参赛队员没有颜色识别缺陷等问题。

参考材料

　　用五种颜色——红、蓝、绿、黄、黑打印图片，每种颜色各 6 张，一共 30 张。

隔 N 比数

（朱昕彤 龚先旻）

活动时间：每组 5 分钟左右

活动道具：数字卡片若干张

活动人数：20 人（可分为 4 组，每组 5 人）

活动形式：每组派出 1～5 名队员

活动程序

活动的主要任务是让参赛队员比较当前卡片上的数字与它前面间隔为 N 的那张卡片上的数字是否相同。

第一步，展示数字卡片，每张卡片上印有 0～9 这十个数字中的一个。

第二步，说明活动规则。

第一阶段任务：隔 0 比数。参赛组伍选择一名队员上场。给该队员依次呈现数字卡片，为了让观众能看见呈现的数字，可以由一个工作人员给队员呈现卡片，另一个工作人员把数字写在黑板或者白板上，队员背对黑板。从第二张卡片开始的每一张卡片都要求队员判断它与前一张卡片上的数字是否相同（两者相邻，距离为 0，故称作隔 0 比数），即第二张与第一张比，第三张与第二张比，依次类推。队员需要大声说出"相同"或"不同"。从第二张开始，

连续答对五次算成功完成第一阶段任务，答错一次或以上算任务失败，任务失败则该队结束整个比赛。

第二阶段任务：隔1比数。若成功完成第一阶段任务，则该组派出第二名队员进行第二阶段的任务。第二阶段的任务和第一阶段相似，也是依次呈现一系列数字卡片，从第三张卡片开始，队员需要判断当前卡片与它前面距离为1（两者之间隔了1个数字，距离为1）的那张卡片上的数字是否相同，即第三张与第一张比，第四张与第二张比，依次类推。同第一阶段的任务一样，连续答对五次才算成功地完成任务。若第二阶段任务失败则该队结束整个比赛。

成功地完成上一阶段任务的小组才能派出新的队员参加下一阶段的任务，任务的难度逐渐增加。第三阶段——隔2比数的任务要求队员从第四张卡片开始，比较当前卡片与它前面距离为2（两者之间隔了2个数字，距离为2）的那张卡片上的数字是否相同，即第四张与第一张比，依次类推。连续答对5次才算成功地完成该阶段任务。第四阶段——隔3比数的任务要求队员从第五张卡片开始，判断当前卡片与它前面距离为3（两者之间隔了3个数字，距离为3）的那张卡片上的数字是否相同，第五阶段——隔4比数的任务要求队员从第六张卡片开始，判断当前卡片与它前面距离为4（两者之间隔了4个数字，距离为4）的那张卡片上的数字是否相同。

下图以隔2比数为例，说明游戏规则。

隔2比数要求队员对间隔为2的两个数进行比较，比如第四个

| 3 | 5 | 4 | 7 | 5 | 9 | 7 | 6 |

数与第一个数、第五个数与第二个数之间进行比较。如上图所示，从左往右依次给队员呈现以上数字。呈现至第四个数（即数字 7）时，要求队员判断它与第一个数（即数字 3，间隔两个数）是否相同，如图中箭头所示。第五个数（即数字 5）与第二个数字（也是数字 5）进行比较，依次类推。

第三步，工作人员向参赛队员示范游戏玩法，保证参赛队员能正确理解规则。

第四步，抽签决定各小组比赛顺序，开始比赛。

计分规则

成功地完成第五阶段任务的小组加 50 分，成功地完成第四阶段任务的小组加 40 分，成功地完成第三阶段任务的小组加 30 分，成功地完成第二阶段任务的小组加 20 分，成功地完成第一阶段任务的小组加 10 分，第一阶段未能完成任务的小组不加分。

注意事项

1. 卡片的数字应该清晰易辨。

2. 只有成功地完成前一阶段的任务才能进入下一阶段。

3. 参赛组每次派出不同队员参加各阶段的任务，而任务难度是逐渐增加的，提醒参赛组选派队员时应注意策略。

4. 工作人员可以事先准备几套备用数字卡片，每一套都按特定顺序排列，并在卡片背后标明正确答案，即"相同"或"不相同"，以便在比赛过程中快速、正确地给出反馈。

打印和制作数字卡片若干张，每张卡片上打印一个数字，注意数字尺寸要足够大，以方便所有老年人辨认。数字范围包括0～9。

9

水果篮子

（王丹妮　王倩蓉）

活动时间：15 ～ 20 分钟

活动道具：10 种水果图案卡片共 3 套（2 套为白底，1 套为蓝底）

活动人数：20 人（可分为 4 组，每组 5 人）

活动形式：每组派出 1~2 名队员

活动程序

本活动要求参赛队员根据要求回忆图片系列中的特定图片，目的在于锻炼队员执行功能的记忆更新能力。

第一步，水果命名。主持人先呈现 10 种水果图案请参赛队员识别，直至他们能正确识别为止。

第二步，讲解规则。每组游戏难度下，主持人都将随机呈现带有水果图案的卡片共 30 张，每张图片呈现时间为 5 秒左右；当主持人呈现给参赛队员的是白色背景的卡片时，选手报出该卡片所示的水果名称；当呈现为蓝色背景的卡片时，要求选手根据所在游戏难度等级 1、2、3 或 4，分别回忆出该卡片前 1 张或 2、3、4 张卡片所示的水果名称。每个等级有 3 次挑战机会，回忆错误的选手将被淘汰，其成绩按较低一级难度计算。

例如，若主持人依次呈现 4 张白色背景的水果卡片"草莓、猕猴桃、木瓜、柠檬"及 1 张蓝色背景的水果卡片"橙子"。在难度 1 的情况下，参赛队员应依次说出的水果名称为"草莓、猕猴桃、木瓜、柠檬、柠檬"，即当看到蓝色背景卡片的水果"橙子"时，参赛队员应说出其前 1 张卡片上所呈现的水果名称"柠檬"而不是说出"橙子"；同理，在难度 2 的情况下，参赛队员应依次说出的水果名称为"草莓、猕猴桃、木瓜、柠檬、木瓜"，即当看到蓝色背景卡片的水果"橙子"时，参赛队员应说出其前 2 张卡片所呈现的水果名称"木瓜"。

第三步，正式游戏。从难度等级 1 开始。主持人依次为每位参赛选手呈现一张卡片，每张卡片约 5 秒，该队员通过判断卡片的背景颜色回答水果的名称，回答错误则被淘汰，胜利者为最后留在场上的选手。

第四步，主持人可根据现场状况适当增加难度等级。

计分规则

原始得分：成功完成难度 4 的每位参赛选手获得 4 分，难度 3 得 3 分，依次类推。每组难度共有 3 次挑战机会，成功完成所有 3 次任务者成功晋级，其中任何 1 次未能识记都视为挑战失败。每组各参赛选手的得分之和为该小组原始分。

最终得分：原始分最高的小组在其最终得分上加 40 分，第二名加 30 分，第三名加 20 分，第四名加 10 分。

注意事项

1. 需要多名工作人员协助主持人判断选手的反应是否正确。
2. 游戏前要根据难度准备好相应的材料，材料图案的顺序应平衡。

参考材料

　　水果：草莓、橙子、甘蔗、火龙果、猕猴桃、木瓜、柠檬、苹果、香蕉、椰子。

　　每种水果3张，其中两张为白色背景，1张为蓝色背景。以下为样图。

卡片顺序：

草莓　猕猴桃　木瓜　柠檬　橙子　甘蔗　火龙果　苹果

香蕉　椰子　木瓜　草莓　苹果　甘蔗　火龙果　橙子

猕猴桃　柠檬　椰子　香蕉　猕猴桃　草莓　甘蔗

火龙果　木瓜　柠檬　橙子　苹果　香蕉　椰子

难度 1 答案：

草莓、猕猴桃、木瓜、柠檬、柠檬、甘蔗、甘蔗、火龙果、香蕉、香蕉、木瓜、木瓜、苹果、苹果、火龙果、橙子、猕猴桃、猕猴桃、椰子、香蕉、香蕉、草莓、甘蔗、火龙果、火龙果、柠檬、橙子、苹果、苹果、椰子

难度 2 答案：

草莓、猕猴桃、木瓜、柠檬、木瓜、甘蔗、橙子、甘蔗、香蕉、苹果、木瓜、椰子、苹果、草莓、火龙果、橙子、猕猴桃、橙子、椰子、香蕉、椰子、草莓、甘蔗、火龙果、甘蔗、柠檬、橙子、苹果、橙子、椰子

难度 3 答案：

草莓、猕猴桃、木瓜、柠檬、猕猴桃、甘蔗、柠檬、橙子、香蕉、火龙果、木瓜、香蕉、苹果、木瓜、火龙果、橙子、猕猴桃、火龙果、椰子、香蕉、柠檬、草莓、甘蔗、火龙果、草莓、柠檬、橙子、苹果、柠檬、椰子

难度 4 答案：

草莓、猕猴桃、木瓜、柠檬、草莓、甘蔗、木瓜、柠檬、香蕉、甘蔗、木瓜、苹果、苹果、椰子、火龙果、橙子、猕猴桃、甘蔗、椰子、香蕉、猕猴桃、草莓、甘蔗、火龙果、猕猴桃、柠檬、橙子、苹果、木瓜、椰子

（注：▮▮▮为蓝色背景卡片）

第二章

抑制优势反应

在日常生活中，我们常常会遇到这样的情况，跟别人聊天的时候，常被大脑中突然冒出的念头打岔，结果越聊越远，甚至忘记了最开始说的是什么；想去冰箱拿个鸡蛋，可打开冰箱门看到剩下的半瓶牛奶，于是把牛奶拿出来热热喝掉，拿鸡蛋的事却给忘记了；做饭的时候突然想起有一档自己喜欢的节目开始了，看着看着就忘记了灶上还炖着菜……这些都是因为一些与本来所做的事情无关的信息进入了大脑中，干扰了原来的想法而忘记了本来要做的事情。当人上了年纪时，这种情况会越来越常见。心理学认为，这种现象是由于老年人的抑制优势反应的能力随着年龄的增长而衰退导致的。

抑制优势反应是指对那些有很强倾向的反应进行有意识的控制。比如说，我们坐在桌前准备吃饭，大多数人看到筷子时第一反应都是用右手去拿，这个右手拿筷子的反应就是一种优势反应。如果这顿饭要求大家用左手吃饭，那么控制自己不用右手就是一种抑制优势反应。

心理学中常用来测量抑制优势反应能力的有斯特鲁普任务（Stroop 任务）、信号抑制任务和反向眼动任务。以斯特普鲁任务为例来进行说明，该测验要求测试者一一说出所看到的每个字的颜色。这些字有两大类，一类是含义与颜色无关的字，如"虫"；另一类是表示颜色的字，如"红"。而后者在呈现给测试者时分为两种情况：一种是字的颜色与本身的含义一致，如用红色书写的"红"；另一种是字的颜色与本身含义不一致，如用绿色书写的"红"。在这三种条件下，最后一种情况，被测试者的反应会变慢，因为被测试者对字的书写颜色的判断会受到字义的干扰。研究者通过计算反应时间来衡量人抑制优势反应的能力。研究发现，老年人在斯特普鲁任务上的反应明显慢于年轻人，表明老年人的抑制优势反应的能力不如年轻人。

颜色诗词

（李维佳　龚先旻）

活动时间： 每组 5 分钟左右

活动道具： 信封 4 个（等于参赛队伍数），每个信封内装着印有颜色诗词的卡片 5 张（等于每组成员数），计时器

活动人数： 20 人（可分为 4 组，每组 5 人）

活动形式： 全员参与

活动程序

活动的主要任务是让参赛队员正确念出诗词。

第一步，展示印有颜色诗词的卡片样例，说明颜色诗词的正确读法，即每一张卡片的诗句里至少会有一个颜色词，队员在读诗词的时候应该读颜色词的印刷色，而不是读颜色词本身。比如，用绿色印刷的"红"字，应该读成"绿"，而不是"红"。

第二步，说明活动规则。请参赛的所有队员上场，每名队员将领到一张卡片，每张卡片上印有一句诗词，其中至少包含一个颜色词。将该卡片贴到面向观众的黑板上，以便观众也能看清上面的文

字和颜色。请第一名队员大声读出该卡片上的诗词，工作人员开始计时。如果读错，则需要将整句诗词重新读，直到读正确为止。第一名队员正确读完后，让后面的队员依次按此规则完成任务。

第三步，工作人员向参赛队员示范游戏玩法，保证每个参赛队员正确理解规则。

第四步，参赛小组上场，准备好后开始比赛。

计分规则

按每个队成功完成任务的时间长短计算成绩，时间越短成绩越好。成绩最好的小组在总得分上加 40 分，第二名加 30 分，第三名加 20 分，第四名加 10 分。

注意事项

1. 卡片上的字和颜色应清晰易辨，确保现场没有红绿色盲。

2. 工作人员可以事先在纸上按顺序记录每一张卡片上的颜色词，以便快速准确地判断队员的反应是否正确。

参考材料

打印或印刷卡片时，注意诗词中的变颜色词要印一种与该字所表达的颜色意思不同的颜色，其他字词用黑色。如：千里莺啼绿映红（这句中的"绿"用红色印，"红"用绿色印，只要用与该字所表达的颜色意思不同的颜色印即可，下同）

晓看**红**湿处，花重锦官城

两只**黄**鹂鸣翠柳

一行**白**鹭上青天

春来江水**绿**如**蓝**

春风又**绿**江南岸

日照香炉生**紫**烟

黄四娘家花满蹊

齐鲁**青**未了

黄河入海流

白日依山尽

绿叶发华滋

青青河畔草

绿树村边合

青山郭外斜

此地空余**黄**鹤楼

昔人已乘**黄**鹤去

映日荷花别样**红**

乌衣巷口夕阳斜

一枝**红**杏出墙来

朝辞白帝彩云间

黄河远上**白**云间

白云深处有人家

日出江花红胜火

日出江花**红**胜火

千里莺啼绿映**红**

霜叶**红**于二月花

满城尽带**黄**金甲

黄沙百战穿金甲

颜色站

（肖　正　龚先昱）

活动时间：5分钟左右

活动道具：透明胶带一卷，颜色卡片8张（根据参赛人数确定），计时器

活动人数：20人（可分为4组，每组5人）

活动形式：每个小组派出两名代表参与

活动程序

活动的主要任务是让参赛队员快速并且正确地判断穿着×色衣服的人和贴着×色卡片的人这两种身份。

第一步，每组选出两名代表参与，4个组共8名代表，8名代表身上穿的衣服颜色尽可能多样，有相同的也没关系。在每名代表胸口贴上与其衣服不同颜色的卡片，如，代表穿着红色衣服，则可以贴上除红色以外任何颜色的卡片。这样，每名代表就有了两种不同的身份——穿着×色衣服的人和贴着×色卡片的人。

第二步，说明活动规则。8名代表围坐成一圈。主持人任意指定一名代表（假如该代表穿着黄色衣服、贴着红色卡片）站起来同时说：

黄色衣服站，黄色衣服站，黄色衣服站完 × 色衣服站

或黄色衣服站，黄色衣服站，黄色衣服站完 × 色卡片站

或红色卡片站，红色卡片站，红色卡片站完 × 色衣服

或红色卡片站，红色卡片站，红色卡片站完 × 色卡片站

即先报告自己的身份（可以从衣服身份和卡片身份中任意挑一个报告），再指定下一个要站起来的代表（可以通过衣服身份或卡片身份来指定），指定完后可以坐下。被指定的代表要在短时间内站起来，如果被指定的代表在 4 秒内没站起来，或者没有被指定的代表错误地站起来则被淘汰出局（时间的确定可以由主持人在选手读完口诀后开始大声数 1、2、3、4 来确定）。若 5 分钟后还没有决出胜负则游戏结束。

第三步，工作人员向参赛队员示范游戏玩法，保证参赛队员正确理解规则。

第四步，给第一个参赛小组发放材料，准备好后即可开始比赛。

计分规则

原始得分：被淘汰出局的代表向记分员告知自己的组别。第一个被淘汰的代表得 1 分，第二个被淘汰的代表得 2 分，依次类推。每一组的两个代表得分之和即为该组原始得分。

最终得分：原始得分最高的小组在其最终得分上加 40 分，第二名加 30 分，第三名加 20 分，第四名加 10 分。

参考材料

A4 大小的彩色卡片 8 张（根据参赛人数确定）。

数字大小

（杨 祎　龚先旻）

活动时间：每组 1 分钟左右

活动道具：信封和红色小旗各 4 个（等于参赛队伍数），每个信封内装有数字卡片 5 张（等于每组成员数），计时器

活动人数：20 人（可分为 4 组，每组 5 人）

活动形式：全员参与

活动程序

活动的主要任务是让参赛队员快速并且正确地判断和说出数字的形状大小。

第一步，展示数字卡片样例。

第二步，说明活动规则。各小组依次进行比赛。将装有数字卡片的信封和红色小旗发给参赛小组的第一名队员。第一名队员举旗示意开始计时，主持人从信封里取出一张卡片，让参赛队员对卡片上两个数字的形状大小进行判断，并大声读出"×比×大"。比如，卡片上呈现的是一个形状比较大的"4"和一个形状比较小的"9"，队员应该大声读出"4比9大"。如果念错，应重新念，直到读正

确为止。接着，卡片不放回信封，将信封和小旗传递给第二名队员，第二名队员重复第一名队员的任务，依次类推。直到最后一名队员正确读完，举起红色小旗，完成任务，计时结束。为了能让观众看到数字卡片，卡片可以做成活页形式，判断完一个，翻到下一张。

第三步，工作人员向参赛队员示范游戏玩法，保证参赛队员正确理解规则。

第四步，给第一个参赛小组发放材料，准备好后开始比赛。

计分规则

最快完成的小组加 40 分，第二名加 30 分，第三名加 20 分，第四名加 10 分。

注意事项

1. 材料应该在各小组进行任务前发放，以免有队员提前看卡片。

2. 主持人要快速地对队员的反应是否正确做出反馈，直到读正确，才能将信封和小红旗传递给下一名队员。

3. 第一名队员要先举旗，再取出卡片。队员读数时，其他队员要保持安静。

参考材料

在每张卡片上打印两个不同的数——形状较大的小数字和形状较小的大数字，以及形状较小的小数字和形状较大的大数字，前者的卡片数量可以是后者的两倍，比赛呈现的时候应将这两类卡片

混合打乱后依次呈现。如下图所示。卡片的数量根据参赛人数来定。

第一类卡片：形状较大的小数字和形状较小的大数字

6 **2**	7 **5**
3 5	**4** 9
6 **2**	7 **1**

2 5	5 9
4 2	5 3
5 6	7 8
4 2	3 1

2 7　　6 9

5 2　　9 8

1 2　　3 5

第二类卡片：形状较大的大数字和形状较小的小数字

3 5　　5 7

6 3	9 5
7 8	5 6
4 3	6 2
3 7	5 8

嘴巴手指不一样

（陈雨琪　高　悦）

> 活动时间：15 分钟左右
>
> 活动道具：无
>
> 活动人数：20 人（可分为 4 组，每组 5 人）
>
> 活动形式：选派队员参与

活动程序

　　活动要求参赛队员嘴巴说出的数字与手指比划的数字不同，目的是锻炼队员抑制优势反应的能力。

　　第一步，练习节拍，掌握节奏。主持人边喊口号边做动作，带领全体队员打出"嘴巴手指不一样"的节拍来。喊"嘴巴"的时候双手在胸前击掌，喊"手指"时双手轻拍大腿，喊"不一"时双手再回到胸前击掌，喊"样"时再轻拍大腿。按照节奏带领队员连续做几遍使大家熟悉这个节奏和口号。

　　第二步，讲解活动规则。由主持人和每组的监督员进行示范讲解。全体队员边做动作边齐喊"嘴巴手指不一样"之后，由第一个示范者开始，每人轮流说出一个十以内的数字，如"6"，同时比划出一个不同于"6"的数字，如用右手比划出"5"。接着齐喊"嘴

巴手指不一样"，然后第二个示范者喊出一个数字并用手指比划出不同的数字。依次往下进行，最后一名队员做完之后轮回第一名队员。如果说出的数字和手指比划的数字相同，则该队员就被淘汰。

第三步，小组赛。主持人讲解清楚规则后，开始正式比赛。比赛分为两部分，小组赛和总决赛。首先各组在监督员的协助下进行小组赛，小组赛不计分，限时 2 分钟。各组坚持到最后的 1 名队员将被选作小组代表参加总决赛；如果在规定时间内无人胜出，则由小组成员推选一名队员参加比赛。

第四步，总决赛。总决赛的难度可以适当增加，即要求参赛队员说出一个 5 以内的数字，同时用两只手比划出不同的数字，即说出的数字、左手比划的数字和右手比划的数字都不能相同。在总决赛中，小组代表的成绩就是各组最后的得分。

计分规则

按照四组代表队在总决赛中被淘汰的先后顺序计分。坚持到最后的队员所代表的小组将获得最终得分 40 分，其他组依次计 30 分、20 分、10 分。小组赛不计分。

注意事项

1. 由于本游戏，尤其是决赛游戏部分规则较复杂，包括之前的喊口号和打节拍部分，主持人和其他监督员最好边讲边示范，以保证队员真正熟悉规则、口号和动作。

2. 参赛队员轮流进行比划，主持人要提醒不要抢答或延迟作答，提醒队员们中间停顿的时间不要过长。

3. 在小组赛中,可以为每组安排一名助手以帮助解答疑难问题。如果队员在小组赛中均表现较好,在2分钟之内仍没有优胜者产生,那么可以由小组成员推选出一名代表参加决赛。

4. 在比赛过程中,每组安排一名助手对队员进行监督,出错不能超过三次。否则视为犯规淘汰。在总决赛的时候,也可以请其他组员一起监督。

反转广播体操

（刘　畅　高　悦）

活动时间：10 分钟左右

活动道具：无

活动人数：8 人（可分为 4 组，每组 2 人）

活动形式：每组派出 2 名队员参与

活动程序

活动要求每组选出两名队员，在工作人员的带领下做广播体操，但左右的动作要与工作人员相反。具体步骤如下：

第一步，熟悉广播体操。请所有队员起立，在工作人员的带领下做广播体操作为热身和练习。

第二步，讲解活动规则。每组选出两名队员参加比赛，参赛队员在工作人员的带领下做广播体操，但要注意自己的动作与工作人员的动作左右相反（前后一致，上下一致，只有左右的动作是相反的）。犯三次错误的参赛队员将被淘汰出局。

第三步，正式开始游戏。如果本游戏中参赛队员表现得较好，游戏进行 5 分钟后仍无人被淘汰，可增加难度，要求上下和左右的动作都与工作人员的动作相反。

计分规则

原始得分：按照四组八名队员在比赛中被淘汰的先后顺序计分。坚持到最后的队员将获得 8 分，其他依次计 7 分、6 分、5 分、4 分、3 分、2 分和 1 分。每组两名队员的得分之和即为该小组的原始得分。

最终得分：原始得分最高的小组在其最终得分上加 40 分，第二名加 30 分，第三名加 20 分，第四名加 10 分。

注意事项

1. 每组安排一名工作人员对该组参赛队员进行监督，当一组某个队员的错误达到三次时则将该队员淘汰出局，游戏继续。同时也可以请其他组的队员监督，如，第二组的未参赛队员监督第一组的参赛队员，第三组的未参赛队员监督第四组的参赛队员。

2. 带领队员做什么操可以由工作人员自行决定，最好是动作简单的。如果有大屏幕或投影，也可以播放广播体操让队员跟着做。

3. 如果队员普遍表现得较好，正式比赛开始 5 分钟后仍无人被淘汰，可适当增加难度。如要求左右、前后的动作都要与工作人员的动作相反。

参考材料

可参考第八套、第九套广播体操。

想好再动

（刘　翔　高　悦）

活动时间：10分钟左右

活动道具：红、蓝两种颜色的帽子各8顶

活动人数：16人（可分为4组，每组4人）

活动形式：每组选出4名队员参加

活动程序

　　活动要求每组选出四人参加比赛，其中男女各两人，同性别的两个人分别带上红色和蓝色的帽子。活动要求队员听主持人的口令，但要做与口令相反的动作。本游戏主要是练习队员抑制优势反应的能力。

　　第一步，讲解活动规则。每组选出四名队员参加比赛，男女各两名。由工作人员给参赛队员带上相应颜色的帽子，原则是每组相同性别的队员帽子颜色不同。即最后要形成这样的情况，每组四名队员：

队员	1号	2号	3号	4号
性别	男	男	女	女
帽子	红	蓝	红	蓝

在活动场地上画出 8 条长线，这样就形成了 8 个档位。游戏开始前所有的参赛队员站在第一个档位内。队员在比赛的过程中听主持人的口令，但要做出与口令相反的动作。如主持人说："男人动"。则所有男性队员不能动，所有女性队员向前迈一步，跨到第二个档位。如果有男性队员动了或女性队员没有动，则该队员被罚向后退一个档位。另外，反应不能过慢，超过 5 秒钟没有反应的（该动而没有动），视为犯规也要被罚向后退一个档位。同理，主持人如果说"蓝帽子动"。则所有戴蓝帽子的队员不动，所有戴红帽子的队员向前迈一步。如果主持人说"带红帽子的女人动"，则带蓝帽子的男队员应该向前迈一步。最先到达第八个档位的队员每人得 8 分。第一批队员到达终点后停止比赛。

第二步，讲解注意事项。在讲解规则时，最好是工作人员一边进行示范一边讲解，要确保所有参赛队员明白游戏规则。

第三步，选出参赛人员，排列队形。工作人员为每组参赛队员带上相应的帽子，并组织大家站成一排。画好 8 条长线作为 8 个档位。

第四步，正式比赛。

计分规则

原始得分：第一批到达终点线的队员每人得 8 分，其余队员按自己所在的档位加上相应的得分，比如，在第七档位的队员得 7 分，在第六档位得 6 分，依次类推。组内四名成员得分相加即为该小组原始得分。

最终得分：原始得分最高的小组在其最终得分上加 40 分，第二名加 30 分，第三名加 20 分，第四名加 10 分。

注意事项

1. 本游戏需要较大的活动场地。且场地地面不要太滑，也不要有容易绊倒老人的东西，以防老人摔倒。

2. 本游戏计分规则较为复杂，每组可安排 1–2 名工作人员监督本组队员的反应并计分。同时，也可以请没有参赛的队员帮助监督，如，第一组没有参赛的队员监督第二组参赛队员的表现。

3. 主持人在游戏前准备口令时应注意，要确保各组队员能移动相同的步数。即4个口令为一组，每组口令应该让4个队员都有机会迈步。

参考材料

主持人可参考以下口令：

女人动	带红帽子的动
带蓝帽子的动	男人动
带蓝帽子的动	女人动
带红帽子的动	男人动
戴红帽子的男人动	带蓝帽子的女人动
带红帽子的男人动	带红帽子的女人动
男人动	带蓝帽子的动
带红帽子的动	女人动
带蓝帽子的男人动	带蓝帽子的女人动
戴红帽子的女人动	戴红帽子的男人动

就要反着做

（乔翠翠 高 悦）

活动时间：10分钟左右

活动道具：红色和黄色的卡片各20张

活动人数：20人（可分为4组，每组5人）

活动形式：全员参与

活动程序

　　活动要求参赛队员根据主持人的口令做相反的动作，目的在于锻炼队员抑制优势反应的能力。活动分两轮进行，第一轮只需要与口令中的动作相反，比较容易；第二轮增加难度，需要与口令中的动作和颜色都相反。

　　第一轮：与口令中的动作相反。

　　第一步，讲解规则。主持人说："我们每个人手里都有红色和黄色两张牌。大家左手拿黄牌，右手拿红牌。我说一些口令，请大家做出与我的口令相反的动作，颜色与我的口令一致。如，我说把黄牌放在上面，大家就要把黄牌放在下面；我说用红牌碰右臂，大家就要用红牌碰左臂。"讲解之后，做练习。

　　第二步，正式活动。全体参赛队员起立。主持人下达口令，参

赛队员做动作。由每组的监督员进行监督，看谁做错了。做错的队员被淘汰出局。其他队员继续进行下一步的活动。

第二轮：与口令中的动作和颜色都相反。

第一步，讲解规则。主持人说："下面我说一些口令，请大家做出与我的口令相反的动作，要求动作与颜色都相反。如，我说把黄牌放在上面，大家就要把红牌放在下面；我说用红牌碰右膝，大家就要用黄牌碰左膝。"讲解之后，做练习。

第二步，正式活动。主持人下达口令，参赛队员做动作。由每组的监督员进行监督，看谁做错了。做错的队员被淘汰。其他队员继续进行下一步的活动。

计分规则

本游戏可作为热身活动。如果作为热身活动，则采用不计分的方式进行，重在调动大家参与的积极性。

如果作为比赛活动，则采用淘汰制，做错的队员被淘汰。以小组为单位进行，每个口令淘汰一次。两轮都做完后看哪个组剩下的队员多，即为获胜组。按人数多少依次计40分、30分、20分和10分。如有并列的情况出现，可采取加赛计分。

注意事项

1. 本活动趣味性强，参与度高，容易调动大家的积极性。建议作为初始的热身活动。

2. 两个游戏的口令个数可以由主持人根据活动情况灵活选择。选择的时候要结合老年人的实际，选择运动量和幅度较小的活动，以免出现安全问题。

3. 在听口令完成动作时，鼓励队员自行检查和互相监督。同时每组安排一个工作人员进行监督。

参考材料

可参考下表中的口令：

第一轮动作口令

把黄牌放在左侧	把黄牌放在红牌上	用红牌碰右腿
从左向右移动红牌	把黄牌放在右肩上	用红牌碰左耳
用红牌碰右耳	举起红牌	用红牌碰右脚
放下黄牌	把红牌放在黄牌下	把红牌放下
把红牌放在左肩上	从上到下移动黄牌	把黄牌放在红牌下

第二轮动作口令

用红牌碰右膝	左手拿黄牌	用红牌拍左边的人一下
伸红牌，迈左脚	用黄牌轻拍前面的人一下	抬右臂，伸红牌
用黄牌碰右肩	右手拿红牌	高举红牌，放下黄牌
用左手举起红牌	用红牌轻拍后面的人一下	抬右脚，举黄牌
向前走一步，伸红牌	左手拿黄牌	用黄牌碰右肩

第三章

注意转换

张奶奶家厨房照明灯的开关最近换了，原来向下按是开灯，现在要向上按才能开灯。家里其他屋子的开关还是老样子，向下按是开灯。张奶奶常常犯糊涂：开了客厅的灯，然后去开厨房的灯，却总是打不开。原来张奶奶脑子里还没转换过来：客厅的灯需要向下按开关，厨房的灯需要向上按开关。类似这样的，根据任务的要求转变自己的注意焦点，就叫做注意转换。

任务转换范式常用来测量一个人的注意转换能力好不好。比如在一个田字格中，每次会在其中一个格子里随机出现一个数字。当数字出现在上面两格时，要求测试者判断这个数是大于500还是小于500；当数字出现下面两格时，要求测试者判断这个数是奇数还是偶数。因为不知道数字会出现在哪一格，所以对被测试者来说，任务的要求随时都可会变化。这就需要被测试者随时改变自己的注意焦点。在这种需要注意转换的任务中，被测试者对数字的判断时间要比单纯判断奇偶数或者是否大于500的时间要长。注意转换能力越好的人，这个时间差越短。

算算术

（李希琳　王倩蓉）

活动时间：2 分钟 / 组

活动道具：A4 白板纸 30 张

活动人数：20 人（可分为 4 组，每组 5 人）

活动形式：每组派出两名队员参与

活动程序

本活动要求两名参赛队员配合完成加法或乘法运算，目的在于锻炼队员的任务转换能力。每组派出两名代表，各组依次进行。

第一步，主持人讲解游戏规则。两名选手，一人举白板纸，一人算算术。举纸板的人，如果看到纸板背面是加号，需把纸板举过头顶，如果是乘号，需把纸板举到胸前（纸板位置不超过下巴）。看纸板做心算的人，若看到队友把纸板举过头顶，则对纸板上的两个数字做加法；若看到纸板被举到胸前，则对纸板上的两个数字做乘法。

第二步，正式游戏。小组中的组员 A 每次抽取最上面的一张纸板，并看纸板背面是加号还是乘号（只允许 A、裁判和观众可看

到纸板背面的符号，而小组的组员 B 不能看到），把纸板举到相应的位置。组员 B 若看到 A 把纸板举过头顶，则对纸板上的两个数字做加法；若看到 A 把纸板举到胸前，则对纸板上的两个数字做乘法。B 需要尽快反应，说出计算结果，如果结果错误（在比赛开始前，需要工作人员把纸牌的顺序安排好，并按照顺序把每个结果算出，以便在选手说出答案时在最短时间做出判断），则 A 与 B 交换位置继续游戏（换下一张纸板）。

第三步，工作人员记录在规定的 2 分钟内，正确完成的题目数。

计分规则

在规定时间内正确完成运算的项目最多的小组在最终得分上加 40 分，其余按名次依次加 30 分、20 分、10 分。

注意事项

1. 需要 1 名工作人员协助主持人监督两名队员的反应是否正确。
2. 在游戏过程中不再提示规则。

参考材料

A4 白纸板 30 张，加法运算及乘法运算各 15 张。正面写上两个数字（一个为 10 以内的数，一个为 10～99 之间的数），纸板的背面写上"＋"或者"×"号。

白纸板示例如下：

3 35	+	38
正面	反面	结果

2 24	×	48
正面	反面	结果

8 28	+	36
正面	反面	结果

4 15	×	60
正面	反面	结果

7 22	+	29
正面	反面	结果

2 27	×	54
正面	反面	结果

9 55	+	64
正面	反面	结果

3 17	×	51
正面	反面	结果

8 63	+	71
正面	反面	结果

4 18	×	72
正面	反面	结果

8 37	+	45
正面	反面	结果

3 21	×	63
正面	反面	结果

8 75	+		83
正面	反面		结果
4 13	×		52
正面	反面		结果
9 22	+		31
正面	反面		结果
5 12	×		60
正面	反面		结果
7 38	+		45
正面	反面		结果
7 12	×		84
正面	反面		结果

6 17	+	23
正面	反面	结果

3 18	×	54
正面	反面	结果

4 17	+	21
正面	反面	结果

3 13	×	39
正面	反面	结果

6 11	+	17
正面	反面	结果

6 13	×	78
正面	反面	结果

8 11	+	19
正面	反面	结果

3 19	×	57
正面	反面	结果

3 19	+	22
正面	反面	结果

5 13	×	65
正面	反面	结果

5 13	+	18
正面	反面	结果

1 2 3

（夏彧婷　王倩蓉）

活动时间：3 分钟 / 组

活动道具：A4 白板纸 25 张

活动人数：20 人（可分为 4 组，每组 5 人）

活动形式：每组派出两名队员参与

活动程序

　　本活动要求两名参赛队员配合完成不同条件的任务，目的在于锻炼队员的任务转换能力。每组选派出两名队员参与，各组轮流进行。

　　第一步，主持人讲解游戏规则。主持人将呈现数字对，两个数学分别为红色和蓝色。要求参赛队员对特定数字分类。若呈现的是方框，则判断红色数字是奇数还是偶数；若呈现的是圆框，则要求判断蓝色数字是奇数还是偶数。每组搭档中的一人做奇偶判断，判断奇数则向前走一步，判断为偶数则向后退一步。同时，当第一个队员对特定数字做出正确判断之后，其搭档需要在 5 秒钟内唱出一句歌词，歌词里需要有这个数字。

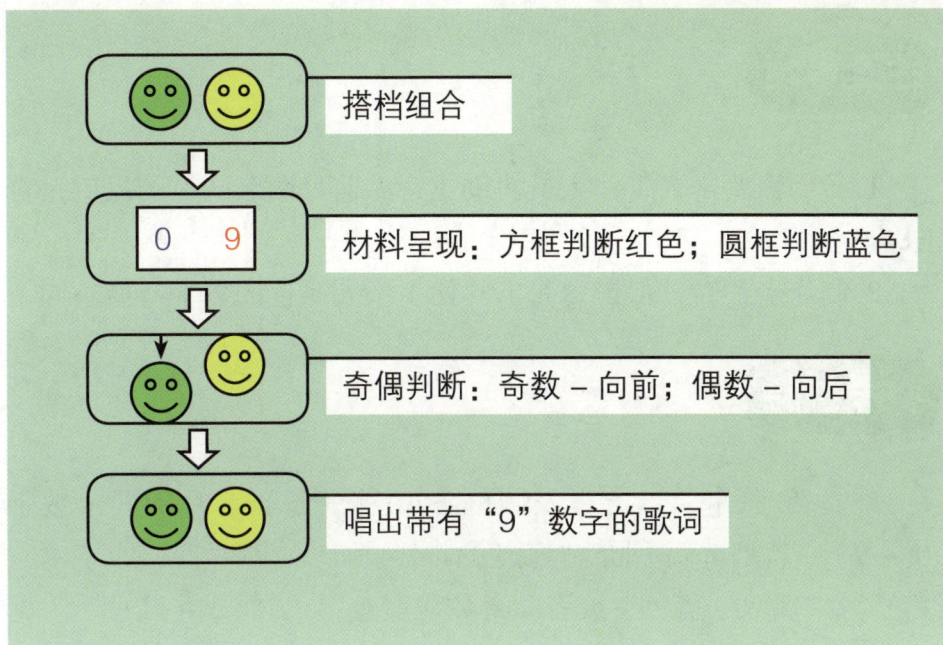

第二步，正式游戏。

首先主持人呈现带有方框或圆框的卡片图，请每组一名队员对相应的颜色做出反应；另一名队员迅速唱出带有该数字的歌曲，如果没有唱出歌曲可以选择"过"。一组结束后进行下一组。

第三步，工作人员记录各小组在 2 分钟内成功完成的数字组数。

计分规则

原始得分 = 奇偶判断得分 + 唱对歌词得分：（每判断正确一次加 1 分，每唱对歌词一次加 2 分）。

最终得分：原始得分最高的小组在其最终得分上加 40 分，第二名加 30 分，第三名加 20 分，第四名加 10 分。

注意事项

1. 每组需要 1 名工作人员协助主持人监督两名队员的反应是否正确。

2. 制作卡片时，保证每张卡片两个不同颜色的数字奇偶不同。

参考材料

准备 20 张卡片，方框及圆框各 10 张，每张卡片的两个数字（0～9）要满足奇偶不同，且颜色不同，即卡片数字可以为"奇数 – 红色" + "偶数 – 蓝色"或者"奇数 – 蓝色" + "偶数 – 红色"（见下图）。

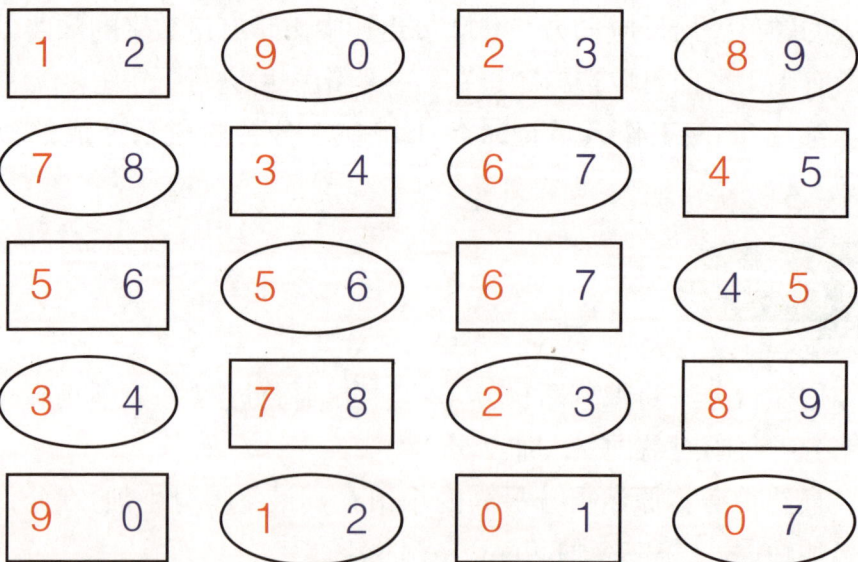

1 2	9 0	2 3	8 9
7 8	3 4	6 7	4 5
5 6	5 6	6 7	4 5
3 4	7 8	2 3	8 9
9 0	1 2	0 1	0 7

扑克牌算数

（左世江　王倩蓉）

活动时间：15分钟左右

活动道具：扑克牌4副

活动人数：20人（可分为4组，每组5人）

活动形式：全员参与

活动程序

本活动要求参赛队员通过判断两张扑克牌的花色，完成加法或乘法运算，目的在于锻炼队员的任务转换能力。

第一步，主持人讲解游戏规则。扑克牌中，红桃和方片均视为红色，黑桃和梅花均视为黑色。在正式游戏中，主持人按照事先规定的顺序每次呈现一对牌给参赛队员。当两张牌的颜色相同时，参赛队员需要将两张牌的点数相加；当两张牌的颜色不同时，队员需要将两张牌的点数相乘。

第二步，正式游戏。主持人为每队的第一位选手分别呈现5组扑克牌，要求通过判断两张牌的花色分别对5组扑克牌进行计算，分别说出5组计算结果，不论正确与否，主持人在听完5个结果后，为该组下一位选手再出示5组扑克牌，直到小组5位成员均进行了

5 组扑克牌运算。

第三步，计分人员计算每小组完成该游戏所用的总时间及正确率。

计分规则

原始得分＝完成时间得分－错误答案得分（完成时间得分计算：在最短时间内完成游戏的小组得100分,第二、三、四名分别得90分、80分、70分。错误答案得分：每计算错误一次扣5分）。

原始得分最高的小组在其最终得分上加40分,第二名加30分,第三名加20分,第四名加10分。

注意事项

1. 每组需要 1 名工作人员协助主持人记录参赛选手的错误答案数,并对活动所用时间进行记录。

2. 扑克牌的花色须事先准备。

材料示例：

< 题目 >

	1 号队员	2 号队员	3 号队员	4 号队员	5 号队员
一组	梅花 K / 黑桃 3	梅花 8 / 红桃 6	红桃 7 / 黑桃 8	红桃 J / 方片 5	方片 A / 梅花 5
	红桃 A / 黑桃 4	方片 J / 红桃 5	红桃 8 / 方片 7	黑桃 9 / 梅花 7	黑桃 Q / 梅花 4
	红桃 2 / 方片 Q	黑桃 5 / 梅花 J	黑桃 6 / 红桃 10	红桃 Q / 方片 4	红桃 K / 方片 2
	黑桃 A / 红桃 3	红桃 4 / 方片 9	黑桃 7 / 梅花 10	方片 6 / 黑桃 J	方片 3 / 梅花 3
	方片 K / 黑桃 2	方片 10 / 梅花 9	红桃 9 / 方片 8	梅花 Q / 黑桃 10	梅花 6 / 黑桃 K

	1号队员	2号队员	3号队员	4号队员	5号队员
二组	红桃4/梅花6	黑桃A/红桃Q	方片9/梅花J	红桃9/方片5	红桃6/方片2
	黑桃Q/红桃3	红桃K/方片J	方片10/黑桃6	黑桃7/红桃8	黑桃10/梅花6
	黑桃K/梅花8	方片K/黑桃3	黑桃4/红桃10	黑桃8/梅花8	黑桃J/红桃5
	方片A/梅花9	方片Q/梅花2	红桃J/方片8	方片7/黑桃9	方片4/梅花5
	红桃2/梅花7	梅花K/黑桃2	黑桃5/梅花10	方片6/梅花7	红桃7/方片3
三组	梅花6/红桃7	方片A/黑桃Q	方片K/黑桃2	方片10/黑桃5	黑桃8/红桃5
	方片4/红桃8	红桃J/方片9	黑桃A/梅花K	方片9/梅花10	方片7/黑桃9
	黑桃10/梅花4	黑桃J/梅花2	方片Q/梅花A	红桃K/方片8	红桃4/方片5
	红桃6/方片2	红桃10/梅花3	红桃A/方片J	黑桃4/梅花9	方片6/梅花7
	方片3/梅花5	红桃9/黑桃K	黑桃3/红桃Q	梅花J/黑桃6	黑桃7/梅花8
四组	方片8/黑桃5	方片5/黑桃2	方片A/黑桃2	黑桃K/梅花A	红桃5/方片9
	方片7/梅花5	黑桃4/梅花7	方片2/梅花10	黑桃Q/红桃2	方片J/梅花3
	黑桃7/梅花6	黑桃3/红桃9	红桃10/红桃J	方片K/梅花2	黑桃10/红桃4
	红桃6/方片6	方片4/梅花8	黑桃A/梅花J	黑桃J/红桃3	方片10/黑桃8
	黑桃6/红桃7	红桃8/方片3	梅花9/红桃Q	红桃A/方片Q	黑桃9/梅花4

＜答案＞

	1号队员	2号队员	3号队员	4号队员	5号队员
一组	16,4,14,3,26	48,16,16,13,90	56,15,60,17,17	16,16,16,66,22	5,16,15,9,19
二组	24,36,21,9,14	12,24,39,24,15	99,60,40,19,15	14,56,16,63,42	8,16,55,20,10
三组	42,12,14,8,15	12,20,13,30,117	26,14,12,12,36	50,90,21,13,17	40,63,9,42,15
四组	40,35,13,12,42	10,11,27,32,11	2,20,21,12,108	14,24,26,33,13	14,33,40,80,13

第四章

双任务协调

在生活中，我们常常可以看到这样的情景，张大爷一边骑着自行车，一边哼着小曲；王阿姨一边看电视，一边织着毛衣。他们都是轻松顺利地同时做着两件事情。但是，如果让张大爷一边看报纸，一边听收音机；或者让王阿姨一边和人聊天，一边计算家庭近一周的开销，恐怕他们就会感到很困难了。不论任务完成的效果如何，类似上面，同时进行两种任务的操作就叫做双任务协调。

可是同样是同时进行两种活动，为什么有的活动让人感到轻松，有的就让人感到困难呢？心理学家认为人执行任务需要消耗一定的认知能量或资源，越是复杂的任务所需要消耗的认知能量或资源就越多，而对每个人来说，能量或资源的总数是有限的。因而，当同时完成几个任务时，如果一个人所需要的认知资源超出了他所能承担的认知资源的总量，那么同时执行这些任务就会出现困难。比如说，对于张大爷，骑自行车和哼小曲本身都是难度较低的任务，所以，即使两个任务同时进行，所消耗的资源总量也是在他可以承担的资源总量范围之内，所以同时骑车和哼歌，张大爷并不觉得有困难；但是由于看报纸和听收音机两个任务本身就比较复杂，需要消耗较多的认知资源，当同时完成这两个任务时，张大爷就会出现困难。对于王阿姨也是同样，王阿姨是织毛衣的能手，所以即使看电视会消耗较多的认知资源，两项任务所需要的资源之和也是在可以承担的范围内的；而无论聊天还是核算账单都是需要大量认知资源的活动，远远超出了王阿姨所能承担的认知能量总和，因而同时完成这两项任务就会出现困难。

心理学研究发现，与年轻人相比，老年人由于认知资源总量的减少和完成单个任务所需要消耗的认知资源的增加，使得他们在完成双任务时更容易出现困难。但是也有研究发现练习对于双任务协调能力的提高有很明显的效果，也就是说，对需要同时进行两项任务的练习，提高熟练程度，原本不能很好完成的双任务也可以完成得较好。

八面玲珑大闯关

(闫 芳 高 悦)

活动时间：10分钟左右

活动道具：黑板（或写字板）、粉笔（或马克笔）

活动人数：20人（可分为4组，每组5人）

活动形式：每组选派1名队员参与

活动程序

本活动需要每组挑选一名队员参加，要求队员在黑板上按英文字母表的顺序写大写字母，同时要听主持人念的数字（顺序随机）并做出相应的反应。比赛的规则如下：

第一步，讲解活动规则。

比赛分为四轮，四名参赛队员同时进行比赛。第一轮，在给定的黑板上，按字母表顺序写英文大写字母，主持人同时读一些顺序随机的数字，比如当队员听到"5"的时候，则停止写字母，立刻写下数字"5"，随即继续写英文大写字母。如果有队员犯错误，没有写"5"而写其他字母，则队员被淘汰，其他队员进入下一轮。如果3分钟之后仍无人被淘汰，自动进入下一轮比赛。

第二轮比赛较第一轮比赛难度有所提升。在给定的黑板上，按字母表顺序写英文大写字母，主持人同时读一些顺序随机的数字给参赛队员听，比如当参与者听到"5"以及尾数为"5"的数字的时候，停止写字母，即写下该数字，随即继续写英文大写字母。该轮比赛时间为3分钟。如果有队员犯错误，则淘汰出局，进入下一轮。如果3分钟之后仍无人被淘汰，自动进入下一轮。

第三轮。在给定的黑板上，按字母表顺序写英文大写字母，主持人同时读一些顺序随机的数字，当队员听到"5"、尾数为"5"以及"5"的倍数的数字时候，停止写字母，写下该数字，随即继续写英文大写字母。如果有队员犯错误，则淘汰，进入下一轮。如果3分钟之后仍无人被淘汰，自动进入下一轮。

第四轮，在给定的黑板上，按字母表顺序写英文大写字母，主持人同时读一些顺序随机的数字给队员听，当队员听到"5"、尾数为"5"以及"5"的倍数的数字时，停止写字母，写下前一字母的小写字母，随即继续写英文大写字母。如果有队员犯错误，则淘汰。

第二步，开始游戏。

第三步，工作人员统计各组队员的得分。

计分规则

按照四组代表队在总决赛中被淘汰的先后顺序计分。坚持到最后的队员所代表的小组将获得40分，其他小组依次计30分、20分、10分。如果不止一名队员坚持到最后或始终没人被淘汰，则坚持到最后的小组都加40分。

注意事项

1. 由于本游戏分为四关，每一关的规则不同，所以要求主持人在每关开始之前向队员讲解规则。在讲解时要请一位监督员和主持人配合边演示边讲解，确保每一位队员都了解规则之后开始游戏。

2. 每组安排一名工作人员对队员的反应正确与否进行监督。同时，其他组员也可以对参赛组员进行监督。

3. 由于老年人的听力和反应能力出现衰退，所以主持人在念数字的时候声音要大语速要慢。

4. 本游戏中，如果老年人不认识英文字母表，可以让老年人写一定顺序的汉字，如十二生肖"鼠、牛、虎、兔、龙、蛇、马、羊、猴、鸡、狗、猪"。在第四关中，听到"5"或者"5"的倍数，则停止写汉字，写下相应的数字。

参考材料

游戏过程中主持人使用的数字材料举例：

第一关的数字材料

1、4、7、10、5、6、8、9、11、5、77、89、5、23、54、5、55、9、98、32、5、67、84、5、77、98、67、5、5、67、43、88、98、76、5、67、5、66、5、78、98、12、45、78、5、7、5、87、66、5、99、5、76、43、56、76、89、5、6、8、5、4、5、3、2、5、98、90、5、7、29、5、30

第二关的数字材料

1、4、7、10、5、6、8、9、15、7、99、65、89、
75、88、76、54、45、76、65、67、58、35、23、
34、15、5、66、78、95、77、45、35、99、67、
90、92、56、78、65、4、76、5、34、67、88、
65、34、45、78、9、25、89、40、5、7、35、9、
78、52、34、56、75、89、90、32、76、45

第三关的数字材料

1、6、7、5、89、67、45、7、90、56、34、35、
77、98、69、80、5、7、65、34、21、89、65、
72、33、45、98、43、70、89、67、87、65、44、
32、50、78、67、95、34、96、40、88、98、
67、56、70、44、37、87、60、5、65、79、65、
78、89、90、55、43、67、88、45、55、76、90

第四关的数字材料

7、6、9、4、5、89、87、56、45、60、67、88、
98、46、76、40、67、54、85、5、90、99、97、
96、95、90、66、67、64、65、35、87、88、89、
96、95、98、76、95、89、90、55、34、43、
32、21、65、60、88、79、10、6、8、9、20、7、
25、4、7、45、80、98、65、64、67、78、90

我们都是"金算盘"

（陈思煦 高 悦）

活动时间：20分钟左右

活动道具：信封，各种面值的人民币（1角、5角、1元、5元、10元、20元）。考虑钱的卫生问题，也可以用代币或者把金额写在纸上。

活动人数：20人（可分为4组，每组5人）

活动形式：全员参与

活动程序

本活动的任务是要求参赛队员在保证正确数钱的同时尽量记住主持人读的词语。程序如下：

第一步，讲解活动规则。队员要在规定的时间（1分钟）内，快速且准确地数出信封中装有多少钱。在参赛者数钱的同时，主持人会在旁边读出一系列不同范畴的词语，每隔2秒念出一个词语，如苹果、太阳、馒头、卫生纸、桌子等。参赛者要在规定的时间内数完信封内的钱，并尽可能多的记住刚才听到的词语。时间到时，让参赛者说出钱数，如果钱数正确，则让参赛者自由回忆刚才听到

的词语。首先一定要保证钱数正确，如果钱数不正确，则不报告回忆的词语，即不能为小组加分。

第二步，确定比赛顺序。每组选出一名队员上前抽签决定自己所在小组的比赛顺序。

第三步，开始游戏。活动全体参与，以小组为单位依次进行。首先，第一组队员出列，站在屋子中间。主持人喊"开始"，同时每隔2秒读出一个词语。工作人员用秒表计时，限时一分钟，时间到后喊"停止"。所有队员停止数钱，并依次说出自己信封里的钱数。报告正确的队员回忆词语，主持人记录正确回忆的个数。

计分规则

原始得分：以参赛者报告的钱数作为基本条件，在钱数正确的情况下，记录每组5个人正确回忆的词语总个数，每个词语加10分。若是有参赛者没有正确数出钱数，则没有回忆词语的机会。

最终得分：原始得分最高的小组在其最终得分上加40分，第二名加30分，第三名加20分，第四名加10分。

注意事项

1. 在准备材料时要注意，同组每个人信封里的钱数是不同的，工作人员事先统计好每个人信封里的钱数并记录下来，以便在游戏时快速判断队员的回答是否正确。

2. 每组安排一名工作人员计分，一名工作人员对队员进行监督，提醒参赛队员遵守比赛规则，同时判断队员回答的钱数是否正确。

3. 答案公布后，如果队员有疑问，主持人可以将信封中的钱拿

出来现场数给大家看，统一意见后再往下进行。

4.由于老年人的听力会有所衰退，所以主持人在念题目的时候声音要大，语速要慢。

参考材料

20张信封，每个信封里有各种面值的人民币（1角、5角、1元、5元、10元、20元）。这每个信封里人民币的总额都是不同的，工作人员在准备材料的时候要加以注意。

游戏进行中主持人读的词语举例：

第一组	第二组	第三组	第四组
香蕉、苹果、书桌	橘子、山楂、手表	栗子、红枣、马桶	钱包、书籍、手机
电脑、沙发、面包	椅子、茶叶、咖啡	麦片、报纸、浴室	红薯、竹子、地板
红糖、书柜、拖把	话筒、衣柜、抹布	杂志、篮球、塔楼	早餐、插座、煤气
毛巾、狗、狮子	淋浴、猫、足球	兔子、云、米粥	老鼠、雨、天空
录音机、高脚杯	电视机、玻璃杯	收音机、咖啡杯	人民币、购物袋
饮水机、金字塔	加湿器、洗面奶	电话机、显示器	电磁炉、乒乓球

我能记得清

（危 悦 高 悦）

活动时间：20分钟左右

活动道具：画有水果或动物的图片

活动人数：20人（可分为4组，每组5人）

活动形式：每组选出一名队员参与

活动程序

活动要求参赛队员看工作人员依次呈现的图片（水果或动物），同时回答主持人提出的问题，游戏停止后参赛队员要回忆出最后看到的两张图片呈现出的水果或动物的名称。游戏的具体程序如下。

第一步，展示图片样例。工作人员向全体队员展示比赛中即将用到的图片，让队员边看边大声说出是什么。确保图片中的水果或动物是全体队员都熟悉并认识的。

第二步，讲解活动规则。每组选出一名队员参加比赛，比赛时参赛者站到观众前面，背对观众，和主持人站在一起。工作人员站在对面，面向观众宣布游戏"开始"并给参赛队员呈现图片，大概2～3秒一张，注意动物与水果的图片要交替呈现。在参赛者识别图片的同时，要回答主持人提出的问题（如，3+6等于几等）。工

作人员随机停止呈现图片，此时参赛者要立即说出最后看到的两张图片呈现出的水果或动物的名称。

第三步，讲解注意事项。本游戏规则相对复杂，讲解后可由一名工作人员饰演参赛者进行演示，确保参赛队员明白规则之后再开始游戏。

第四步，决定顺序。各组选出一名队员参加比赛，比赛开始前抽签决定各自的出场顺序。

第五步，正式比赛。

计分规则

1. 结束呈现图片后，参赛队员要说出最后看到的两张图片呈现出的水果或动物的名称。顺序且名称正确一个得 10 分，名称正确顺序错误一个得 5 分，名称错误不得分。

2. 答题错误扣分：对主持人现场提问回答错误或没有回答出来，一道题扣 1 分。

3. 答题超时扣分：主持人现场提问，如果 10 秒内无回答，扣 1 分。

4. 小组最终得分：经过上述分数计算之后，得分最高的队员在其小组最终得分上加 40 分，第二名加 30 分，第三名加 20 分，第四名加 10 分。

注意事项

1. 可以由主持人指定选手，例如指定各组 2 号队员参赛，也可以由各小组自己推荐。

2. 安排监督员对比赛过程进行监督。参赛选手在游戏中不能用纸笔等辅助记忆，同时该组的其他成员不可以提醒。违规一次扣 5 分。

3. 由于本游戏计分规则较为复杂，须安排一至两名工作人员专门负责统计分数。

参考材料

1. 比赛中可以用到的图片样例。

动物组：

水果组：

2. 示例问题及答案：

问题	答案
1）5+7 等于几？	12
2）你是属于第几组的？	视具体情况而定

问题	答案
3）你是男生还是女生？	视具体情况而定
4）9除以3等于几？	3
5）老鼠最怕什么动物？	猫
6）狗会游泳么？	会
7）7是单数还是双数？	单数
8）孙悟空的师傅是谁？	唐僧
9）9后面是哪个数？	10
10）猪八戒是唐僧的第几个徒弟？	第二个
11）什么节日要吃月饼？	中秋节
12）8+7等于几？	15
13）妇女节是哪一天？	3月8日
14）唐僧骑的是什么马？	白龙马
15）十二生肖的最后一个动物是什么？	猪

夹乒乓球

（韩晓春　龚先旻）

活动时间：每组 2 分钟

活动道具：信封 4 个，每个信封内装着一张纸，纸上有问题 15 个；1 个乒乓球；一红一绿 2 个一次性纸杯；长筷子和短筷子各一双

活动人数：20 人（可分为 4 组，每组 5 人）

活动形式：每组选出两名选手参与

活动程序

活动的主要任务是让参赛队员尽可能多地传递乒乓球，并回答出尽可能多的问题。

第一步，每组选出两名选手参加比赛。

第二步，说明活动规则。各小组依次进行比赛。从两名选手中选出一名夹乒乓球并回答问题：用长筷子将乒乓球从红色纸杯中夹到绿色纸杯中，换用短筷子再将乒乓球从绿色纸杯中夹回红色纸杯中，反复做上述动作，注意每次夹球的时候都要换一双筷子，每成功一次加 10 分；在夹乒乓球的过程中，另一名选手大声并尽可能

快地念出一些题目让夹球的选手回答，每答对一题加 10 分，选手可以选择跳过某些较难的题目。限时两分钟。

第三步，工作人员向参赛队员示范游戏玩法，保证所有参赛队员已正确理解规则。

第四步，给第一个参赛小组发放材料，准备好后即可开始比赛。

计分规则

原始得分：每成功使用正确的筷子将乒乓球夹到另一个杯子 1 次，加 10 分。每回答正确一个问题，加 10 分。夹球得分和回答问题得分相加即为小组原始分。

最终得分：原始分最高的小组，在最终得分上加 40 分，第二名加 30 分，第三名加 20 分，第四名加 10 分。

注意事项

1. 提醒其他队员不能对参赛队员进行提示，可以根据实际情况对违规行为进行扣分处罚。

2. 工作人员事先要知道每道题的答案，以便评分。

3. 需要一名工作人员对参赛选手的夹球成绩进行计分，另一名工作人员对回答问题的成绩进行计分。

参考材料

问题可以比较简单轻松，如下列问题：

太阳从哪个方向升起？	东方、东边
急救电话是多少？	120
在公共场所吸烟对不对？	不对
湿手可以去插电源吗？	不可以
列举三个中国的传统节日？	符合要求即可
中国一共有几个直辖市？	4 个
先听到雷还是先看到闪电？	先看到闪电
对于维持树的生命而言，树皮更重要还是树干更重要？	树皮更重要
7+27=？	34
北京奥运会哪一年举办的？	2008 年
"举头望明月"下一句是什么？	低头思故乡
《红楼梦》是谁写的？	曹雪芹
中国古代"四大名著"分别叫什么？	《红楼梦》《三国演义》《水浒传》《西游记》
西游记里白龙马的真实身份是什么？	东海龙宫三太子
《喜羊羊与灰太狼》动画片中，灰太狼的妻子叫什么名字？	红太狼

骡子是哪两种动物的杂交品种?	马和驴
嫦娥的丈夫叫什么名字?	后羿
唐朝的长安是现在的哪座城市?	西安
你认识的人里面有生日是 2 月 30 号的吗?	没有
用榴莲和苹果哪个更容易砸伤人?	榴莲
太阳和月亮哪个离我们更远?	太阳
中国成功发射的第一颗卫星叫什么名字?	东方红 1 号
黄河和长江哪个长?	长江
一斤铁和一斤棉花哪个更重?	一样重
A 比 B 长,B 比 C 短,A 和 C 谁长谁短?	不确定
我国古代天文学家发明了什么仪器预测地震的?	地动仪
《本草纲目》是谁写的?	李时珍
我国和俄罗斯是接壤的吗?	是的
北极熊吃企鹅吗?	不吃（北极熊生活在北极，企鹅生活在南极）
姚明曾经在美国的哪支篮球队打球?	火箭队

解放前北京叫什么名字?	北平
著名的滕王阁坐落在哪个城市?	南昌
苹果的哪部分最有营养?	苹果皮
正常人的胃在身体的左边还是右边?	左边
高血压患者应该多吃盐吗?	不应该
老年人应该多吃蛋黄吗?	不应该,因为蛋黄含有较高含量的胆固醇
智齿在 10 岁前就长出来了吗?	不是,是成年后长的
天上的星星会不会动?	会
雄蚊子还是雌蚊子吸血?	雌蚊子
无花果真的没有花吗?	有花
橘生淮南为橘,生于淮北则称为什么?	枳
端午节是为了纪念谁?	屈原
清朝前面是哪个朝代?	明朝
秦朝和三国哪个更先?	秦朝
说出中国古代四大美人中的两个	貂蝉、西施、王昭君、杨玉环(回答两个即可)
关羽败走哪里?	麦城

问题	答案
《水浒传》中人称"及时雨"的是谁?	宋江
世界最高的山峰是哪个?	珠穆朗玛峰
担担面是哪个地方的小吃?	四川
青蛙小时候叫什么名字?	蝌蚪
中国象棋中双方的主帅棋子上分别是哪两个字?	将，帅
足球类似于中国古代的什么运动?	蹴鞠
中国历史上的唯一一位女皇帝是谁?	武则天
树也需要呼吸吗?	需要
鸟与家禽的一个区别是所有的鸟都会飞，是吗?	不是，鸵鸟不会飞
猎豹和豹子不是同一种动物吗?	确实不是
蜘蛛的丝是从屁股还是从嘴里吐出来的?	屁股
人吃进去的食物主要在胃里进行消化吗?	不是，在小肠
朝鲜和韩国哪个更靠北?	朝鲜
7月份的澳大利亚正处于什么季节?	冬季

一心两用

（刘亚南　龚先旻）

> **活动时间**：每组 3 分钟
>
> **活动道具**：歌曲剪辑，每首歌曲持续 30 秒；黑板
>
> **活动人数**：20 人（可分为 4 组，每组 5 人）
>
> **活动形式**：每组派出一名选手参与

活动程序

　　活动的主要任务是让参赛队员说出正在播放的歌曲名字，同时完成题板上的四则运算。

　　第一步，展示四则运算题和歌曲剪辑样例。

　　第二步，说明活动规则。各小组派出一名选手参加比赛。需要在 3 分钟内正确完成黑板上的 18 道四则运算题，若答错，主持人提醒队员重算。如果在 3 分钟内不能正确完成 18 道运算题，则算任务失败。与此同时，在这 3 分钟内，工作人员以随机模式播放歌曲剪辑，队员在做四则运算题的同时要判断播放的歌曲是什么，正确判断则播放下一曲。如果回答不上来，可以选择跳过，但每名队员只有两次跳过的机会。此后若还答不上来，则只能等该歌曲播放完毕才能（长 30 秒）播放下一曲子。

第三步，工作人员向参赛队员示范游戏玩法，保证参赛队员已正确理解规则。

第四步，给第一个参赛小组发放材料，准备好后即可开始比赛。

计分规则

原始得分：若选手没能按规定完成四则运算题，则算任务失败，该组原始分为 0 分；在正确完成四则运算的前提下，选手每正确说出一首歌曲名称加 1 分。

最终得分：原始分最高的小组在其最终得分上加 40 分，第二名加 30 分，第三名加 20 分，第四名加 10 分。若多个小组原始分为 0 分，则最终得分都只加 10 分。

注意事项

1. 歌曲应该适合老年人。

2. 需要专门的工作人员考察队员四则运算题的答题情况，若出现错误应及时提醒。

参考材料

① 四则运算题

第一组题（共 18 题）

45+67=（　）	91−37=（　）	45×7 =（　）
91−37=（　）	34×6 =（　）	$324 \div 3$ =（　）
112−59=（　）	23×7 =（　）	$375 \div 5$ =（　）
34×5 =（　）	$366 \div 6$ =（　）	47+56=（　）

196÷7=（   ）　　　34+89=（   ）　　　76-39=（   ）

237+84=（   ）　　　104-56=（   ）　　　23×7=（   ）

第二组题（共18题）

238+83=（   ）　　　105-57=（   ）　　　24×7=（   ）

189÷7=（   ）　　　35+88=（   ）　　　75-38=（   ）

35×5=（   ）　　　360÷6=（   ）　　　48+55=（   ）

111-58=（   ）　　　22×7=（   ）　　　370÷5=（   ）

92-38=（   ）　　　33×6=（   ）　　　321÷3=（   ）

44+68=（   ）　　　92-38=（   ）　　　44×7=（   ）

第三组题（共18题）

43+69=（   ）　　　93-39=（   ）　　　46×7=（   ）

93-39=（   ）　　　32×6=（   ）　　　336÷3=（   ）

114-61=（   ）　　　25×7=（   ）　　　385÷5=（   ）

36×5=（   ）　　　372÷6=（   ）　　　49+54=（   ）

203÷7=（   ）　　　36+87=（   ）　　　74-37=（   ）

239+82=（   ）　　　106-58=（   ）　　　26×7=（   ）

第四组题（共18题）

234+87=（   ）　　　101-53=（   ）　　　22×7=（   ）

161÷7=（   ）　　　32+91=（   ）　　　71-34=（   ）

33×5=（   ）　　　354÷6=（   ）　　　44+59=（   ）

110-57=（   ）　　　21×7=（   ）　　　355÷5=（   ）

91-37=（   ）　　　37×6=（   ）　　　318÷3=（   ）

48+64=（   ）　　　91-37=（   ）　　　47×7=（   ）

② 歌曲剪辑，每首歌曲时间 30 秒

夕阳红	常回家看看	澎湖湾
星星点灯	祝你平安	十送红军
二泉映月	春天的故事	童年
高山流水	黄土高坡	甜蜜蜜
一剪梅	滚滚长江东逝水	橄榄树
军港之夜	歌唱祖国	大海啊我的故乡
好大一棵树	北京的金山上	丹顶鹤

身心时速

（齐　继　王倩蓉）

活动时间：5分钟左右

活动对象：行动能力正常，能够完成300以内的个位数连续加减法即可

活动道具：乒乓球及球拍4套。

活动人数：20人（可分为4组，每组5人）

活动形式：全员参与

活动程序

本活动要求参赛队员同时完成两种游戏任务，目的在于锻炼队员的分配性注意能力。全员参与，各小组依次进行。

第一步，主持人讲解游戏规则。小组的每1位成员参与1分钟颠乒乓球的任务，在颠球的过程中对同一个数字进行加7（或其他个位数）的运算。

第二步，正式游戏。四个小组同时进行。首先第一名成员开始颠乒乓球1分钟，在颠球的过程中要求乒乓球不能落地（落地扣分），同时将某数字连续加7，并说出结果，保证每一个结果正确；1分钟后将乒乓球拍传递给下一位队员，该队员接着刚才的计算结果继续加7进行计算，直至5名队员全部结束比赛。

第三步，工作人员判断结果的正确性，不正确要重新计算，同时记录乒乓球落地的次数。

计分规则

原始得分＝颠球得分＋计算得分（颠球得分：成功一次加 2 分，落地一次扣 2 分；计算得分：计算数字结果最高分的小组加 40 分，第二名加 30 分，第三名加 20 分，最后一组加 10 分）。

最终得分：原始得分最高的小组在其最终得分上加 40 分，第二名加 30 分，第三名加 20 分，第四名加 10 分。

注意事项

1. 每个小组需要 1 名工作人员协助主持人判断并记录成绩。

2. 旁边的队员不能提醒正在游戏的队员。

3. 4 组起始数字一样，最后计算数字结果越大计算部分的分值越高。

参考材料

起始数字：6

1）加 7

结果：13，20，27，34，41，48，55，62，69……

2）加 9

结果：15，24，33，42，51，60，69，78，87……

第五章

工作记忆
& 短时记忆

短时记忆，顾名思义，指的是保持时间很短、很快就消失的记忆。对于具体要多短才算是短时记忆，心理学中还没有定论，不过一般认为短时记忆的维持时间不超过1分钟。相对的，维持时间超过1分钟的称为长时记忆。我们可能有这样的经历：打电话向银行咨询相关信息，银行工作人员告知拨打另一个电话号码咨询，刚好这时身边没有可以记电话号码的东西，我们只好在心中默默地将这个电话号码记了几遍，自以为记住了，于是挂了电话，可是电话刚挂，糟糕，刚才明明记住的号码便忘了！这种对电话号码的记忆就是短时记忆。我们可能还会留意到，如果这个电话号码只有7位或8位数字的时候，我们还是比较有可能在很短的时间内（比如挂电话前）保持对它的记忆，但如果这个电话号码是11位的手机号，甚至像身份证号那么长的时候，我们不可能将它完整地默记上一遍。也就是说，人的短时记忆的容量是有限的。心理学的研究表明一般人短时记忆容量是7±2个单位的信息。需要注意的是，这里所说的信息单位彼此之间是没有关联的，当信息之间出现关联时短时记忆容量可以扩大。比如，我们可能只按顺序记住9个彼此之间没有关联的数字，但如果我们发现某串数字是从1到100公差为1的一个数列，那么我们可以非常轻易地记忆这一百乃至更多的数。原因就在于这些数字之间存在关联，可以帮助我们很轻易地记住很多信息。

工作记忆，从时间上讲是一种短时记忆，有些研究者认为这两个概念是等同的。但是也有研究者认为这两个概念表达了不同的含义和侧重点。短时记忆突出的是记忆的时间长短和记忆存储，而工作记忆既包括记忆的存储还包括对这些存储的信息进行加工处理。当然，这两个概念对非专业人士来说可能不易区分，我们可以从测量方法来区分短时记忆和工作记忆。短时记忆的测量通常是在短时间内要求受测者对某些无意义、彼此之间无关联的信息进行记忆，比如一串毫无关联的数字。能记住的数字个数越多，表明受测者的短时记忆容量越大。而工作记忆的测验过程是这样的：给受测者依次呈现3~9道加减法数字计算题，每次呈现一道题，受测者要计算出答案并记住答案，当所有题目都呈现完后，受测者要把刚才所有算式的答案按先后顺序依次说出来。能计算正确并同时正确回忆的题目数量越多，表明工作记忆的容量越大。能不能很好地完成工作记忆测验任务，除了本身记忆能力之外，还受到执行功能的影响，尤其是双任务协调能力的影响。从工作记忆的测验过程我们可以看出，实际上工作记忆是一个一边加工（计算）一边存储（记住答案）的双任务，所以能不能在两者间协调好是影响工作记忆测验成绩的重要因素。人上了年纪以后，一方面短时记忆的容量在下降，另一方面执行功能也在下降，所以老年人的工作记忆成绩要比年轻人低。

识图短跑

（黄依真　王倩蓉）

活动时间：10分钟左右

活动道具：九宫格卡片44张，其中空间判断图片40张，形状判断图片4张

活动人数：20人（可分为4组，每组5人）

活动形式：全员参与

活动程序

本活动要求参赛队员结合短跑运动，做空间记忆训练，目的在于锻炼队员在有干扰的情况下对空间信息的记忆能力。全员参与，各小组依次进行。

第一步，说明活动规则。参赛小组上场，游戏进行时所有人应保持安静，不能对参加游戏的人提供任何形式的提示（如手势、嘴型等）。起点处的工作人员首先向1号队员展示一张空间判断图片（点数为1），参加者需要记住红点的位置和数量。接下来，工作人员收起空间判断图片，展示另一张形状判断图片，要求参加者判断九宫格中央的红色水果是苹果／草莓，判断正确后请1号队员快速步行至终点处（和起点相距10米，要求按照指定路线走），另一工作人员拿出4张空间判断图片（其中1张与在起点处展示的相

同，其他 3 张为点数相同而位置不同），请 1 号队员从四张图片中找出与起点处所见图片完全一致的图片，判断正确后回至起点处。2 号队员开始识记点数为 2 的图片并以相同步骤进行判断，依次类推（3 号、4 号、5 号以此判断点数为 3、4、5 的空间图片，难度逐渐升级）。限时游戏。

注意，若终点处判断不正确，参赛队员需要回到起点处重新识记图片，再在终点处进行判断。

第二步，正式游戏。起点处工作人员向参赛队员展示空间位置图片 1 秒，0.5 秒后呈现形状判断的图片，请参赛选手做出判断；判断正确后该选手走向终点，从终点工作人员处提示的 3 张图片里选一张与起点处所示的空间位置一致的图片，并回到起点处，小组下一位成员进行游戏。游戏持续 5 分钟。

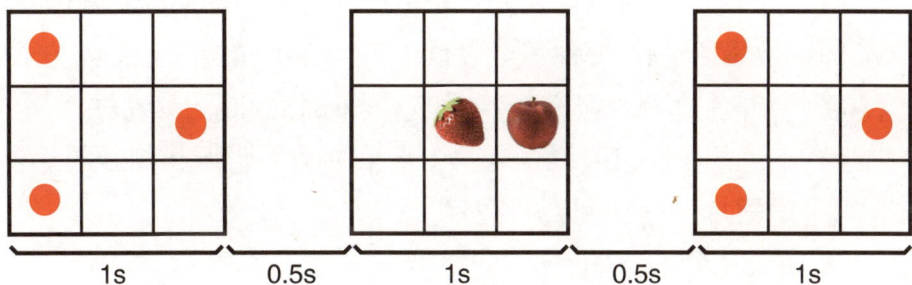

| 1s | 0.5s | 1s | 0.5s | 1s |

识图短跑项目示意图

第三步，记录每个小组在 5 分钟内，正确完成的空间判断图案个数。

计分规则

在限定时间内正确判断点数最高的小组在其最终得分上加 40 分，第二名加 30 分，第三名加 20 分，正确数目最低的小组加 10 分。

注意事项

1. 需要两名工作人员参与游戏，其中 1 名在起点处展示图形并计时，另一名在终点处展示 4 张图片。

2. 出于安全考虑，起点和终点之间要画有格子路线图，参赛队员按照格子步行。

3. 起点和终点之间保持较远的距离，比如 10 米。

参考材料

44 张绘有九宫格的正方形卡片，分两组：空间判断图片和形状判断图片。空间判断图片在九宫格内绘有红色圆点（1 点～5 点），共 5（圆点数量）×4（每种圆点数量下有 4 种不同的圆点排列方式）×2（起点 / 终点）=40 张空间判断图片。形状判断图片在九宫格的中央绘有红色的苹果或草莓，共 4（水果种类）张形状判断图片。

第一类图片——空间判断图片
1 号队员用到的空间判断图片：
起点处呈现的图片

左 　　　　　　　　　　右

终点处呈现的图片

左  右　左  右

左 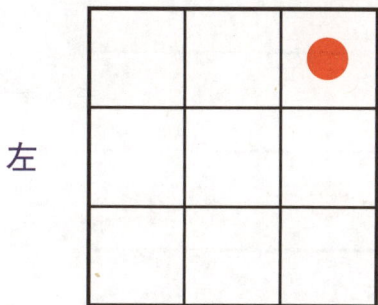 右　左  右

2 号队员用到的空间判断图片：
起点处呈现的图片

左 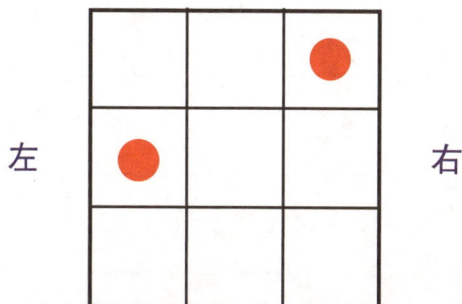 右

终点处呈现的图片

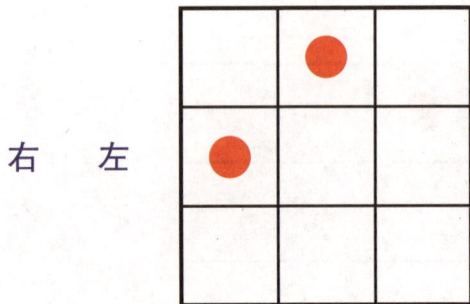

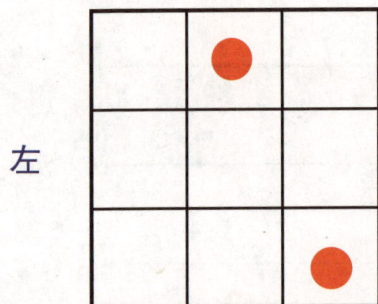

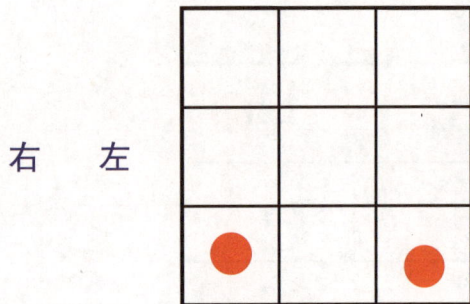

左　　　　　　　　　　右　　左　　　　　　　　　　右

左　　　　　　　　　　右　　左　　　　　　　　　　右

3 号队员用到的空间判断图片：
起点处呈现的图片

左　　　　　　　　　　右

终点处呈现的图片

左　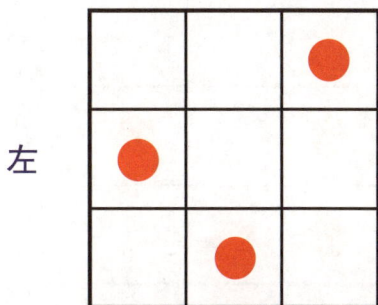　右　左　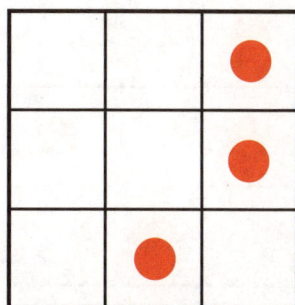　右

左　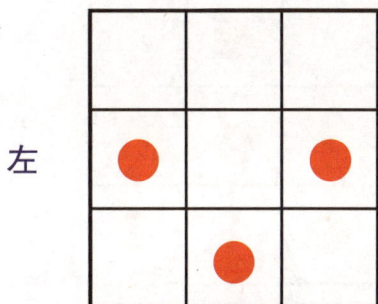　右　左　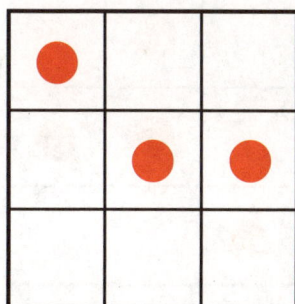　右

4号队员用到的空间判断图片：
起点处呈现的图片

左　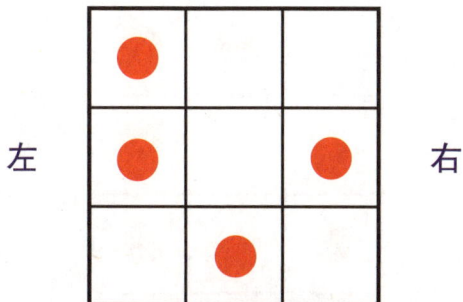　右

终点处呈现的图片

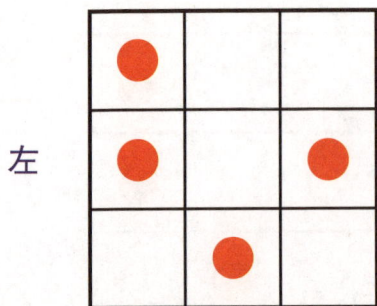

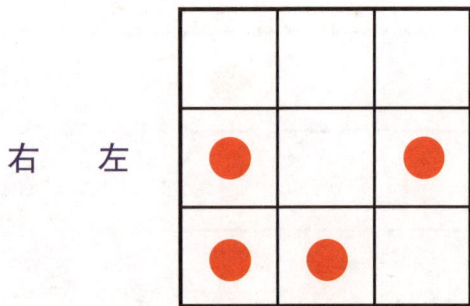

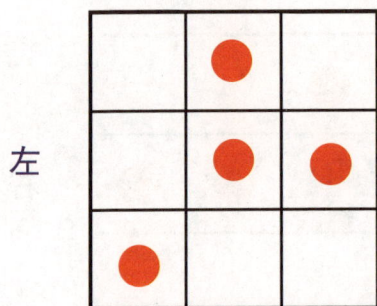

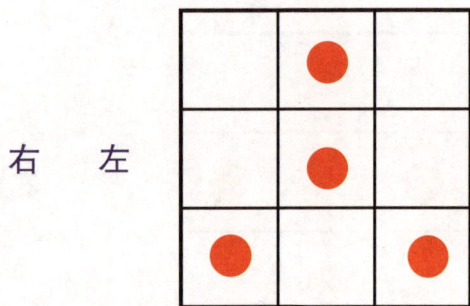

左　　　　　　　　　　　　　右　　左　　　　　　　　　　　　　右

左　　　　　　　　　　　　　右　　左　　　　　　　　　　　　　右

5 号队员用到的空间判断图片：
起点处呈现的图片

左　　　　　　　　　　　　　右

终点处呈现的图片

左 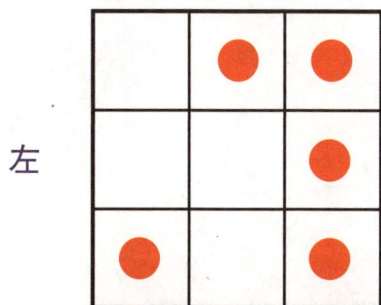 右 左 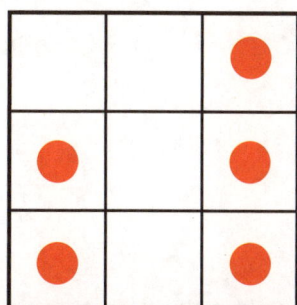 右

左 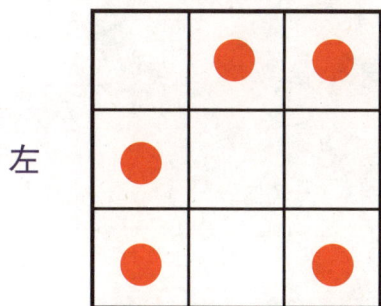 右 左 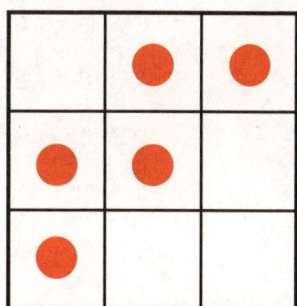 右

第二类图片——形状判断图片（任选一张呈现）

左  右 左  右

左  右 左  右

算算拍拍

（王　舜　王倩蓉）

活动时间：10 ~ 15 分钟

活动道具：分别印有 0 ~ 9 阿拉伯数字的卡片 10 张，游戏中每张卡片呈现两次。

活动人数：20 人（可分为 4 组，每组 5 人）

活动形式：每组派出 1 ~ 2 名队员参与

活动程序

本活动采取个体参与的形式，要求参赛队员做 20 以内特定数字的加法运算，并在每三次运算结束后拍手。目的在于锻炼队员工作记忆及前瞻记忆。

第一步，主持人讲解游戏规则。主持人依次呈现 1 张带有阿拉伯数字的卡片，要求参赛者对所看到的数字加 n（n 的大小根据难度可以调整）的运算，说出运算结果。每三个数字做完加法运算后，需拍一下手。

第二步，正式游戏。主持人先呈现 1 张数字卡片，让参赛队员加 3，答案正确则进行下一张卡片的计算，直至 10 张卡片都呈现结束。工作人员记录参赛队员完成该游戏的时间及每三张卡片完成后拍手的次数。

例如，主持人依次呈现卡片 8，6，9，参赛选手需依次分别说出 11，9，12，且在回答第三个数字 12 后对拍一下手掌，然后继续下一轮，直到 10 张卡片全部呈现完毕。

第三步，考虑到竞赛的性质，可适当增加难度，如每个数字后 +4 或 +5，或每 4 个数字做完加法计算后拍手。

计分规则

原始得分 = 计算分 - 拍手扣分（其中计算分：按照参赛人数，完成游戏任务时间最短者得 80 分，其余按照完成时间的增加依次得 70 分、60 分、50 分；拍手分：每漏拍一次手扣 5 分。）

最终得分：原始得分最高的小组在其最终得分上加 40 分，第二名加 30 分，第三名加 20 分，第四名加 10 分。

注意事项

1. 需要两名工作人员分别记录完成时间及拍手的次数。
2. 在游戏前讲明游戏规则后，游戏中不提醒"拍手"。

参考材料

0	1	2	3	4
5	6	7	8	9

方阵定位

（夏宇阳　高　悦）

活动时间：10 分钟左右

活动道具：彩色方格阵 5 张（A3 纸打印），空白方格阵 20 张，彩笔四盒

活动人数：20 人（可分为 4 组，每组 5 人）

活动形式：全员参与

活动程序

活动全员参与，以小组为单位同时进行，同组内队员协作完成任务。主持人给参赛队员呈现一个 4×4 的方格阵（方格阵的数量可由 4×4 递增至 6×6，数量越多难度越大）内由四种颜色填充，每行/列颜色不重复（如图 1）。彩色方格阵呈现 1 分钟。之后给每组发一个空白方格阵（如图 2），要求参赛者尽可能地在呈现时间之内记忆彩色方格阵内不同颜色的分布，并复现出来。每组要记的颜色可以通过抽签的方式决定或由主持人随机指定。该活动主要锻炼参赛队员的空间工作记忆能力。

第一步，展示方格阵图片。向全体队员展示彩色方格阵图片，

并向队员解释这个方格阵由 16 个小方格构成，每个小方格有一个颜色，共有 4 种颜色填充，且每行的颜色都不重复。然后给大家展示空白方格阵，并解释说空白方格阵和彩色方格阵的大小相同，只不过没有颜色填充。

图 1　彩色方格阵

图 2　空白方格阵

图 3　红色格子的分布

第二步，讲解活动规则。主持人拿着示例彩色方格阵图片，说："我现在手里有一张彩色方格阵，大家需要做的是尽可能地在一分钟内记住各颜色的分布。一分钟过后，我会给每组发一张空白的方格阵图片，并随机指定每组需要回忆的那个颜色（或通过抽签决定），大家将自己指定的颜色分布画在空白图片上，限时 3 分钟（不包括图片呈现的一分钟）。例如，如果我要让大家回忆红色的分布，那么大家就要在空白图片上把之前红色分布的格子涂红（如图 3）。"

第三步，讲解计分规则。若画出的位置有一处与彩色方格阵的初始位置符合，计 2 分。

第四步，开始比赛。各组同时作答，作答时间为 3 分钟。时间到后主持人对照彩色方格阵图片按次序依次检查各组答案并计分。

计分规则

原始得分：若每组画出的分布有一处与彩色方格阵的初始位置符合，计两分。最终得分：原始得分最高的小组在其最终得分上加 40 分，第二名加 30 分，第三名加 20 分，第四名加 10 分。

注意事项

1. 在活动开始前，每组前面放一张桌子。不要有纸和笔。每组队员坐在一起。

2. 每组安排一名工作人员对队员进行监督，提醒参赛队员遵守比赛规则，不能用笔等工具对彩色方格阵的颜色分布进行记录。

3. 五张彩色方格阵的难度可以增加。方格阵的数量可以从 4×4 到 6×6 变化，逐步增加难度。

4. 为了增加游戏的观赏性，可将彩色方格阵用 A3 纸打印并张贴出来。

参考材料

4×4方格阵：

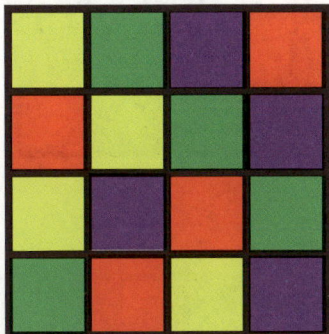
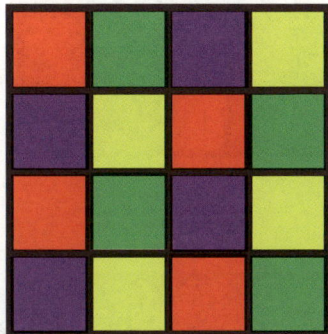

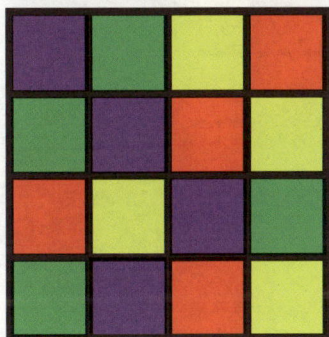

5×5方格阵：

6×6方格阵：

顺着背

（池田真理　龚先旻）

活动时间：5分钟左右

活动道具：无

活动人数：20人（可分为4组，每组5人）

活动形式：每组派出一名或两名选手参与

活动程序

第一步，每组派出一名或两名选手参加比赛（这里以每组派出一名选手为例讲解比赛过程）。

第二步，说明活动规则。四个组的四名参赛选手围坐成一圈。

第一轮任务：主持人随便说一个词（如"幸福"），任意指定一名选手。被指定的选手先重复主持人说的词（"幸福"），自己再任意说出一个词（如"爱情"）。按逆时针方向转，第二名选手先重复第一名选手说的第二个词（"爱情"），自己再任意说出一个词（如"生活"）。依次类推，在第一轮中每名选手都要说出两个词，即先说出前一名选手说过的最后一个词，再自己说出一个新词。把这一阶段当作练习阶段，如果有人出错则纠正。等大家都熟悉活动程序后，进入到第二轮任务。

第二轮任务：这一轮任务中，每个参赛者要说出三个词。主持人任意指定一名选手开始，这名选手要说出第一轮最后一名队员说的那两个词（假设是"苹果"和"香蕉"），并自己任意说出一个新词（如"熊猫"）。按逆时针方向轮转，第二名选手要说出上一名选手说的最后两个词（即"香蕉"和"熊猫"），并任意说出一个新词（如"火箭"）。依次类推，在第二轮中每名选手要说出三个词，即先说出前一名选手说过的后两个词，再自己说出一个新词。如果队员不能正确完成，则被淘汰，接下来的一名队员接替被淘汰选手的任务。

如果在第二轮之后，场上剩下的选手多于一人，则进入第三轮。在第三轮中，每名选手要说出四个词，即先说出上一名选手说的后三个词，再自己说出一词。若第三轮仍未能决出冠军，则进入第四轮、第五轮……

第三步，工作人员向参赛队员示范游戏的玩法，保证参赛队员已正确理解规则。

第四步，给第一个参赛小组发放材料，准备好后即可开始比赛。

计分规则

原始得分：第一个被淘汰的选手得到原始分1分，第二个被淘汰的选手得2分，依次类推。小组内所有选手的原始分相加即为该小组的原始得分。

最终得分：总原始得分最高的小组在其最终得分上加40分，第二名加30分，第三名加20分，第四名加10分。

注意事项

1. 队员说的新词应该是生活中常用的词语。
2. 需要多名工作人员协助主持人判断选手的反应是否正确。

看谁记得多

（李 宁 龚先旻）

活动时间：每组约 2 分钟左右

活动道具：信封 2 个：1 号信封和 2 号信封；
每个信封内装着 4 张纸条（等于小组数），每张纸
条上写着 12 个词语；计时器；笔

活动人数：20 人（可分为 4 组，每组 5 人）

活动形式：全员参与

活动程序

活动的主要任务是让参赛队员尽可能多地回忆词汇。

第一步，展示材料样例。

第二步，说明活动规则。

第一阶段任务：参赛小组选出一名记忆力比较好的选手 A 站
到赛场中央。剩下的 4 名队员从 1 号信封中随机抽出一张纸条，并
按照顺序依次大声念出纸条上的词语，每名队员读 3 个词语。之后，
让选手尽可能多地说出刚才听到的词语，限时 45 秒。

第二阶段任务：所有小组在完成第一阶段任务后进入第二阶段
任务。参赛小组选出一名记忆力比较好的选手 B（可以是第一阶段

的选手 A，也可以换一个选手）。剩下的 4 名队员从 2 号信封中随机抽出一张纸条。纸条上包含 12 个词语，词语之间具有一定的规律和联系，该 4 名选手可以对这些词语进行重新排序，并用笔做好记录，限时 1 分钟。然后按照排列好的顺序大声地读出词语，每名队员读 3 个。之后，让选手 B 尽可能多地说出刚才听到的词语，限时 45 秒。

第三步，工作人员向参赛队员示范游戏玩法，保证参赛队员已正确理解规则。

第四步，给第一个参赛小组发放材料，准备好后即可开始比赛。

计分规则

原始得分：每正确回忆出一个词语加 1 分，两阶段的分数累加即为总原始分。

最终得分：总原始分最多的小组在其最终得分上加 40 分，第二名加 30 分，第三名加 20 分，第四名加 10 分。

参考材料

每张纸条上打印 12 个词语，词语可以如下所示。

1 号信封中四张纸条上的内容：

① 纸条一：

猫咪、鸭子、羚羊、熊猫、海豚、斑马、考拉、刺猬、袋鼠、河马、狮子、大象

② 纸条二：

鸡蛋、面粉、饼干、果汁、肥皂、红酒、果冻、茶叶、电池、手机、电脑、香烟

③ 纸条三：

医生、护士、老师、学生、会计、农民、技师、演员、编辑、记者、画家、歌手

④ 纸条四：

厌恶、高兴、愉悦、郁闷、悲惨、生气、伤心、无奈、吃惊、好奇、平静、坦然

2号信封中四张纸条上的内容：

① 纸条一：

孤帆、碧空、人间、青衫、尽心、湿润、远影、四月、芳菲、尽力、江州、司马

【提示：可以组句为—孤帆 远影 碧空 尽(力)，人间 四月 芳菲 尽(心)，江州 司马 青衫 湿(润)】

② 纸条二：

香蕉、医生、学生、病人、学校、考试、医院、苹果、护士、梨子、老师、桃子

【提示：可以分为3类—医生、医院、病人、护士；老师、学生、学校、考试；苹果、香蕉、梨子、桃子】

③ 纸条三：

北京、上海、世博会、奥运、骄傲、中国、人民、盛会、难得、我们、遇见、一生

【提示：可以组句为—北京 奥运，上海 世博会，中国 人民(的) 骄傲，我们 一生 难得 遇见(的) 盛会】

④ 纸条四：

大家、记住、生活、几个、以下、尽力、成语、常见、高大、捧腹、威猛、大笑

【提示：可以组句为—大家 尽力 记住 以下 几个 生活 常见 成语，高大 威猛，捧腹 大笑】

第六章

前瞻记忆

记忆，通俗地说就是对过去事情的记忆。这种对过去事情的记忆被研究者称为回溯记忆，与它相对的是前瞻记忆。那究竟什么是前瞻记忆？前瞻记忆指的是对将来某一时刻要做什么事情的记忆。比如，记住下午要去学校接孩子，晚上和老朋友有个小聚等等，都是前瞻记忆。

人上了年纪之后，通常都会不同程度地体会到自己的前瞻记忆能力正在逐渐下降。比如，走到菜市场却忘记自己要买什么菜，早上记得今天要交水费，结果到晚上睡觉时才想起来等等。如果您的生活中出现这种情况，大可不必惊慌，因为这几乎是所有老年人都要经历的过程。研究发现，保持平和积极的心态才是延缓记忆衰退、拥有幸福生活的关键。研究还发现，老年人经常进行一些记忆、思维活动训练也能在一定程度上延缓前瞻记忆的衰退。另外，老年人可以借助一些生活小习惯来帮助自己记忆，比如将要买的菜列在单子上。老年人还可以利用线索的作用来帮助记忆。所谓线索是指和记忆内容存在一定关系的事物，很多研究都发现记忆线索具有帮助记忆的作用。比如，老年人接电话的时候可以把炒菜的铲子握在手上，接完电话之后即便把炒菜这事给忘记了，这时如果注意到手上握着的铲子，通常也能马上想起来。

按照场所划分，前瞻记忆的测量方法包括自然法、实验法、情景模拟法等。自然法指的是在日常生活中对前瞻记忆进行测量，看受测者是否记得将要去做什么任务、是不是在规定的时间内完成了该完成的任务等。比如，在智力运动会中，我们一开始就告知参赛队员在中场休息的时候要记得寻找一位穿深色衣服的奶奶，然后根据队员中场休息时完成任务的情况来评价其前瞻记忆。实验室研究一般采用双任务范式来评价前瞻记忆。比如，每次在电脑屏幕上呈现两个词，要求受测者对这两个词描述的事物是不是属于同一种类（比如是否都是动物）进行判断和回答。另外，在实验开始前告知受测者当出现的词语中至少有一个属于鸟类时，除了做是不是属于同一种类的判断外，还需要按一下电脑键盘上的某个特定键，这个要求在实验过程中不再提醒。这个过程包含了两个任务——判断两个词是不是属于同一类，以及判断是不是至少有一个词说的是鸟类，因此被称为双任务范式。又由于受测者要始终记住对出现的词语中有没有属于鸟类进行判断和按键反应，所以该双任务范式测查了前瞻记忆。

上上下下

（何瑞雪　王倩蓉）

> 活动时间：10分钟左右
>
> 活动道具：文字材料
>
> 活动人数：20人（可分为4组，每组5人）
>
> 活动形式：全员参与

活动程序

本活动要求参赛队员听故事，听到特定的字时做动作。队员同时上场参与。

第一步，主持人向所有参赛选手强调"单数"和"双数"的概念。

第二步，主持人讲解游戏规则。主持人读一段故事，要求所有选手注意听故事中是否出现"下"这个字。如果听到"下"字，就在低于腰部的地方拍掌一下。同时提醒选手，如果第双数次听到"上"字，双手举过肩拍掌一下。做错的人将被罚出列，然后继续读短文，直到其中一组全部被罚出列或短文读完为止。最后剩下人数最多的组获胜。具体动作要求见下表：

	上	下
单数次	不做动作	双手低于腰部拍掌一下
双数次	双手举过肩拍掌一下	双手低于腰部拍掌一下

第三步，正式游戏时四个小组同时进行。

计分规则

最后计算每小组的剩余人数，人数剩余最多的小组在其最终得分上加 40 分，第二名加 30 分，第三名加 20 分，剩余人数最少的小组加 10 分。

注意事项

1. 每个小组需要 1 名工作人员协助主持人判断并记录成绩。

2. 保证各组队员与其他组的队员交错站立，即同一组成员不站在一起。

3. 在游戏过程中不再提示规则。

参考材料

下（拍掌）雨了，某人在屋檐下（拍掌）躲雨，看见观音正撑伞走过。这人上（不反应）前道："观音菩萨，普度一下（拍掌）众生吧，带我上（拍掌）路如何？"

观音说："我在雨里，你在檐下（拍掌），而檐下（拍掌）无雨，你不需要我度。"

这人立刻跳出檐下（拍掌），站在雨中："现在我也在雨中了，这下（拍掌）该度我了吧？"

观音说："你在雨中，我也在雨中，我不被淋，因为我上（不反应）有伞；你被雨淋，因为你上（拍掌）无伞。所以不是我度自己，而是我上（不反应）面的伞度我。你要想度，不必找我，请自找伞去！"说完便走了。

我是 K 歌王

（付　丽　王倩蓉）

活动时间：5 分钟左右

活动道具：电脑、投影及歌词库

活动人数：20 人（可分为 4 组，每组 5 人）

活动形式：每组选派出两名队员参与

活动程序

　　本活动要求参赛队员边唱歌边对歌词做出相应动作或者用特定称谓代替某个歌词，目的在于锻炼队员的前瞻记忆能力和抑制优势反应能力。采用个体参与的形式。

　　第一步，主持人讲解游戏规则并做示范。

　　小组预赛规则：参赛者从比赛规定的初赛歌曲库里挑选一首自己拿手的歌，现场演唱，但当遇到歌词中出现"你"、"我"、"他（它）"时要分别用不同的手势代替，当遇到"你"时，面向主持人右手掌伸向正前方做出邀请的姿势；当遇到"我"时，右手拇指向胸口；当遇到"他（它）"时，面向观众右手掌伸向正前方做出邀请的姿势。每组监督员或计分员记录该组每名队员出现错误的次数，每组选出错误次数最少的两个人代表该组参加决赛。

　　决赛规则：所有八名参赛者上场，依次参与比赛。参赛队员从

复赛歌曲库中挑选一首歌，现场演唱，当遇到歌词中出现"我"时，要用自己的名字代替；出现"你"时用"小红"代替；出现"他（它）"时用"小明"代替。记录每名队员出现错误的次数。

第二步，正式进行小组预赛和决赛。

计分规则

每组两名队员错误次数相加即为该小组总错误次数，错误次数越少最终得分越高。总错误次数最少的小组在其最终得分上加 40 分，第二名加 30 分，第三名加 20 分，第四名加 10 分。

注意事项

1. 歌曲库中的歌曲每首歌中"你"、"我"、"他（它）"出现频率要平衡，分为频率高低两个级别，分别用于初赛、决赛。

2. 为了增加观赏性，可以在参赛选手演唱时将歌词呈现在投影仪上。

参考材料

建立歌曲库，统计歌词中出现的歌词"你"、"我"、"他（它）"的频率，分为高频和低频两类。

歌词举例：

低频	高频
小白杨	纤夫的爱
涛声依旧	说句心里话
草原赞歌	在那遥远的地方

小白杨

一棵呀小白杨

长在哨所旁

根儿深，干儿壮

守望着北疆

微风吹吹得绿叶沙响罗喂

太阳照得绿叶闪银光

来来来 来来来 来来来来来

小白杨小白杨

它长我也长

同我一起守边防

当初呀离家乡告别杨树庄

妈妈送树苗对我轻轻讲

带着它，亲人嘱托记心上罗喂

栽下它，就当故乡在身旁

来来来 来来来 来来来来来

也穿绿军装

同我一起守边防

来来来 来来来 来来来来来

小白杨，小白杨

同我一起守边防

纤夫的爱

妹妹你坐船头 哥哥在岸上走

恩恩爱爱 纤绳荡悠悠

妹妹你坐船头 哥哥在岸上走

恩恩爱爱 纤绳荡悠悠

小妹妹我坐船头 哥哥你在岸上走

我俩的情我俩的爱

在纤绳上 荡悠悠荡悠悠

你一步一叩首啊 没有别的乞求

只盼拉着哥哥的手哇

跟你并肩走 噢噢……噢……噢……噢……

妹妹你坐船头 哥哥在岸上走

恩恩爱爱 纤绳荡悠悠

妹妹你坐船头 哥哥在岸上走

恩恩爱爱 纤绳荡悠悠

小妹妹我坐船头 哥哥你在岸上走

我俩的情我俩的爱

在纤绳上 荡悠悠荡悠悠

你一步一叩首啊 泪水在我心里流

只盼日头落西山头

让你亲个够 噢……噢……

逢"4"过

（韩雨歌　王倩蓉）

活动时间：10 分钟

活动道具：无

活动人数：20 人（可分为 4 组，每组 5 人）

活动形式：全员参与

活动程序

本活动要求参赛队员同时完成报数和拍手任务，目的在于锻炼队员的前瞻性记忆能力。采用团体接力的参与形式。

第一步，主持人讲解游戏规则。参赛队员依次报数，当某队员遇到含有 4 或 4 的倍数的数字时，转报出这个数字的同时拍一下手，下一个选手继续报数。

第二步，正式游戏。所有成员上场，最好围坐或围站成一圈。主持人指定一位参赛选手从 1 开始报数，按顺时针方向轮转，下一名选手接着报数。出错的选手被淘汰出局。当数字到 99 时从 1 重新开始报数。

第三步，10 分钟后停止游戏，工作人员统计各小组留在场上的人数。

计分规则

统计各小组最后留在场上的人数，人数最多的小组在其最终得分上加40分，第二、三、四名依次分别加30分、20分及10分。

注意事项

1. 需要1名工作人员协助主持人监督活动过程，另一名工作人员计时。

2. 同组队员需与其他组成员间隔站立。

3. 当有队员被淘汰时，接下来的队员可任意选择一个数字为起始数字继续报数。

找苹果

（贺湘君　王倩蓉）

活动时间：10分钟左右

活动道具：电脑、投影、PPT图片30张。

活动人数：20人（可分为4组，每组5人）

活动形式：全员参与

活动程序

本活动要求参赛队员在看到图片的同时对图片内容做出不同的动作，目的在于锻炼队员的前瞻性记忆能力。采用团体参与的形式。

第一步，主持人让参赛选手熟悉4种类型的图片：有水果且有苹果；有水果且无苹果；部分非水果；全部非水果。每种类型演示1个例子。

第二步，主持人讲解游戏规则。

每位选手依次判断所示图片是否都为水果。如果图片中全部都是水果，左手举过头顶，转动左手腕1圈。如果图片中"部分非水果"或者"全部非水果"，右手举过头顶，转动右手腕1圈。

当图片中有苹果时，不论图片中是否全部是水果，都请选手在

做完上述动作后原地转一圈。

不同的动作反应要求见下表：

图片类型	相应动作
全部是水果	左手举过头顶，转动左手腕 1 圈
不全部是水果 / 完全没有水果	右手举过头顶，转动右手腕 1 圈
图片中有苹果	在上面动作的基础上加上原地转一圈

游戏进行时，首先每个选手分别判断所示图片的类型，正确说出其类型，如"全部是水果"，并做出相应的动作。所有选手站成一排依次参与（参赛顺序为先从右至左，再从左至右）。类型判断正确且动作反应正确者可继续参与游戏，类型判断错误或动作错误者被淘汰。

第二步，正式游戏。主持人呈现 PPT，选手对图片进行判断并作出相应动作。

第三步，工作人员记录参赛选手被淘汰顺序。

计分规则

原始得分：第一个被淘汰的选手得 1 分，第二个得 2 分，依次类推。小组成员得分相加即为该小组总原始得分。

最终得分：总原始得分最高的小组在其最终得分上加 40 分，第二名加 30 分，第三名加 20 分，第四名加 10 分。

注意事项

1.每个小组需要 1 名工作人员协助主持人判断并记录成绩。

2. 图片准备过程中，四种类型的图片数量要一样多。

参考材料

30 张图片，其中全部为水果且没有苹果的图片 10 张，全部为水果且有苹果的图片 10 张，全部为非水果的图片 5 张，非全部为水果的图片 5 张。

有水果且没有苹果的图片举例：

有水果且有苹果的图片举例：

全部非水果的图片举例：

部分非水果的图片举例：

挑战记忆力

（张　强　王倩蓉）

活动时间：10～15 分钟

活动道具：4 个小鼓，积分球 40 个左右，动物、植物、动漫人物图片及文字卡片各 15 张

活动人数：20 人（可分为 4 组，每组 5 人）

活动形式：小组抢答式

活动程序

本活动要求参赛队员根据图片，对其相应的名称进行快速判断，目的在于锻炼队员的前瞻性记忆能力。采取小组抢答的形式进行。

第一步，主持人讲解游戏规则。比赛开始时，每位参赛者拥有 5 个积分球。

背景任务：比赛中，主持人将依次快速地呈现 3 张动物、植物、动漫人物图片，之后呈现 1 个动物、植物、动漫人物名称；或先快速依次呈现 3 个动物、植物、动漫人物名称，之后呈现 1 张动物、植物、动漫人物图片。要求参赛者判断后呈现的名称（或图片）与前面呈现的 3 张图片（或名称）中的哪一个相符。参赛者需要举手

抢答，谁先举手则获得抢答的机会，若答错则扣掉一个积分球，不管答对答错都进入下一道题。连续三道题都没有获得抢答机会的小组也要扣掉一个积分球。

前瞻任务：若图片上出现的是某种动漫人物（如喜羊羊），则不需要抢答，只需敲一下面前的小鼓，不敲则扣掉一个积分球；最后参赛者需要说出总共出现了几个动漫人物，分别是什么，答对加一个积分球，答错扣一个积分球。

积分球扣完则淘汰出局。

第二步，正式游戏。四组同时抢答，主持人呈现一系列卡片，各组队员对卡片图片内容和词汇内容进行匹配。工作人员进行相应的记录。

计分规则

按游戏结束时各组的积分球个数进行计分，积分球最多的小组加 40 分，其余小组依次加 30 分，20 分和 10 分。

注意事项

1. 每个小组需要 1 名工作人员协助主持人判断并记录成绩。
2. 在游戏过程中不再提示规则。

参考材料

动物类、蔬菜类、卡通人物类，3 种类型的图片各 15 张。从下面列举的动物、植物、卡通人物类人物中各抽出 5 种，将其名称写在卡片上，共计 15 张。

动物类：松鼠、马、羊、兔子、猫、大象、河马、黑熊、金丝猴、孔雀、老虎、狮子、猪、熊猫、长颈鹿；

蔬菜类：大白菜、青椒、胡萝卜、黄瓜、南瓜、茄子、菠菜、葱、花菜、西兰花、木耳、土豆、西红柿、西葫芦、韭菜；

卡通人物类：阿凡提、阿童木、大头儿子、孙悟空、黑猫警长、红太郎、葫芦娃、灰太郎、机器猫、美羊羊、喜羊羊、小蜜蜂、小头爸爸、一休哥、樱桃小丸子。

分类判断

（张硕丰　王倩蓉）

活动时间：10分钟

活动道具：相同大小卡片60张，其中图片卡片30张，词汇卡片30张（有条件可使用PPT）

活动人数：20人（可分为4组，每组5人）

活动形式：以小组为单位全员参与

活动程序

本活动要求参赛队员在看到图片的同时，根据图片内容做出不同的动作，目的在于锻炼队员的前瞻性记忆能力。采用小组接力的形式。

第一步，主持人讲解游戏规则。全员参与，以小组为单位依次进行。每个小组将完成5个小节的游戏。每个小节将使用到5张实物图片或写有实物名称的词汇卡片。参赛小组的每名队员完成1个小节。游戏过程中，如果呈现的是图片，则说出图中物体的名字；如果呈现的是实物名词，则说出它的类别（备选类别有：水果、蔬菜、动物、家具，共四种）。

另外，每小节开头会呈现一个实物名词（如，苹果），当该词

汇卡片在本小节中出现（不包括以图片形式出现）时不将其归类，而是说出与该词同类的另一个词（例如，看到"苹果"时，可以说"香蕉"，但不能说"水果"）。

每个材料呈现后必须在两秒钟内说出答案，否则不得分。最后记录每组完成 5 个小节所需要的时间，以及在过程中错误答案的个数。

第二步，正式游戏。主持人呈现 PPT 或纸板图、卡片，选手开始做游戏。工作人员记录各小组完成任务的总时间及错误答案的个数。

计分规则

原始得分 = 完成时间得分 − 错误答案扣分（其中：完成游戏用时最短的小组得 100 分，第二、三、四名分别得 90 分、80 分、70 分；每报告一次错误答案扣 5 分）。

最终得分：原始得分最高的小组在其最终得分上加 40 分，第二名加 30 分，第三名加 20 分，第四名加 10 分。

注意事项

需要几名工作人员协助主持人记录完成时间及错误答案个数。

参考材料

材料为图片或写有实物名词的卡片，随机呈现。

材料（实物名词和对应的图片）分为四类：水果、蔬菜、动物、

家具各 10 张。

A. 词汇卡片

水果：苹果、香蕉、梨、葡萄、菠萝、西瓜、芒果、火龙果、柠檬、木瓜；

蔬菜：大白菜、青椒、胡萝卜、黄瓜、南瓜、茄子、菠菜、葱、花菜、西兰花；

动物：牛、马、羊、兔子、狗、猫、大象、河马、黑熊、金丝猴；

家具：桌子、沙发、板凳、茶几、衣柜、床、屏风、书架、梳妆台、橱柜。

B. 图片卡片

水果：

蔬菜：

动物：

家具：

第七章

基本心理能力

所谓基本心理能力，顾名思义，指的是日常生活中思维活动涉及的最基本的一些心理能力，是构成其他复杂认知活动的基本元素。心理学家沙依提出了五种具有代表性的基本心理能力，即数字能力、词语流畅能力、语义理解能力、归纳推理能力和空间定向能力。这些能力是人们日常生活中很多思维活动的基础，如记账、购物、服药、洗澡、外出、做饭等。

美国著名的西雅图追踪研究表明，纵观整个成年期，不同的基本心理能力具有不同的发展轨迹，空间与推理能力随年龄的增长呈下降趋势，而语词汇畅性、语义理解与数字能力则保持稳定或稍有提高，如数字能力在40多岁时才达到顶峰，语词能力在39~67岁的时候一直处于最高水平。大部分基本心理能力的显著下降都出现在67岁之后，并且个体之间的差异非常大，有的人可以一直保持流体智力基本平稳到70岁，而有的人很早就可以表现出智力下降。基本心理能力为什么会随着年龄增长呈现一定的衰退趋势，究其原因，目前有几种比较流行的解释。（1）容量理论认为是工作记忆容量的下降导致老年人基本心理能力衰退。拿计算机来做比喻，即计算机性能的下降是由于内存和中央处理器存储能力下降导致的。（2）速度理论认为老年人基本心理能力之所以衰退是因为他们的认知加工速度下降。即计算机的运算与传输速度下降导致计算机性能下降。（3）抑制理论则认为原因是老年人容易受到无关刺激的干扰，难以将注意力集中到目标信息上。这个很容易理解，比如我们在噪音环境中学习效率会降低，就是因为噪音这一无关信息干扰了我们的注意，使我们难以将注意集中到学习上。（4）感觉理论认为是因为老年人感觉能力下降（比如看不明、听不清）导致基本心理能力的下降。我们可能都注意到，一段模糊不清、花费很大精力才辨认出来的文字或者一段很难听得懂的英语演讲我们是很难记住的。这就是一个感觉影响认知加工的例子。

心理学中经常用成套的测验来测量基本心理能力，比如一套测验可以包括：心算测验（用来测量数字能力）、范畴举例（用来测量词语流畅能力）、词汇理解测验（用来测量语义理解能力）、图形归类测验（用来测量归纳推理能力）、空间旋转测验（用来测量空间定向能力）。本部分涉及到的基本心理能力包括数字能力、词语流畅能力和空间定向能力以及加工速度等。

迷宫寻宝

（刘颖娴　王倩蓉）

活动程序

本活动要求参赛者记住图片中呈现的地图，在现实相对应的地点找到目标物品，目的在于锻炼队员的空间认知能力。采取个体参与的形式。

第一步，主持人讲解游戏规则。先呈现给每位参赛者一张迷宫图，迷宫中标有 A、B、C 三个位置，且每个位置放置一样物品（宝藏）。1 分钟后，收回地图，用丝巾蒙上该参赛队员的眼睛，将其带入与刚才视图完全相同的现实迷宫中，请其分别找到放置在 A、B 和 C 处的 3 样物品。

第二步，正式游戏。比赛开始前，先给参赛者看迷宫的地图。

1分钟后，用柔软的丝巾将参赛者的眼睛蒙上，工作人员将参赛选手带入迷宫内，工作人员扶着选手原地顺时针转三圈，再逆时针转三圈，然后解开丝巾，请参赛选手按照记忆中的地图探索路线，分别寻找三处宝藏。

参赛选手找到所有宝藏时游戏结束。

第三步，工作人员记录参赛队员所用的时间。

计分规则

完成所有游戏环节所用时间最短者在其小组最终得分上加 40 分，第二、三、四名分别加 30 分、20 分和 10 分。

注意事项

1. 需要 1 名工作人员协助主持人记录时间，从解开丝巾时开始计时。

2. 游戏过程中，因为要蒙上眼睛，每位参赛选手需要一位工作人员协助搀扶，避免在游戏过程中发生意外。

参考材料

迷宫地图（如下图）：可根据比赛人群的认知水平，由简单到复杂。

现实迷宫：可根据场地大小及实际情况来搭建迷宫，如可以用椅子或桌子等。

迷宫 1

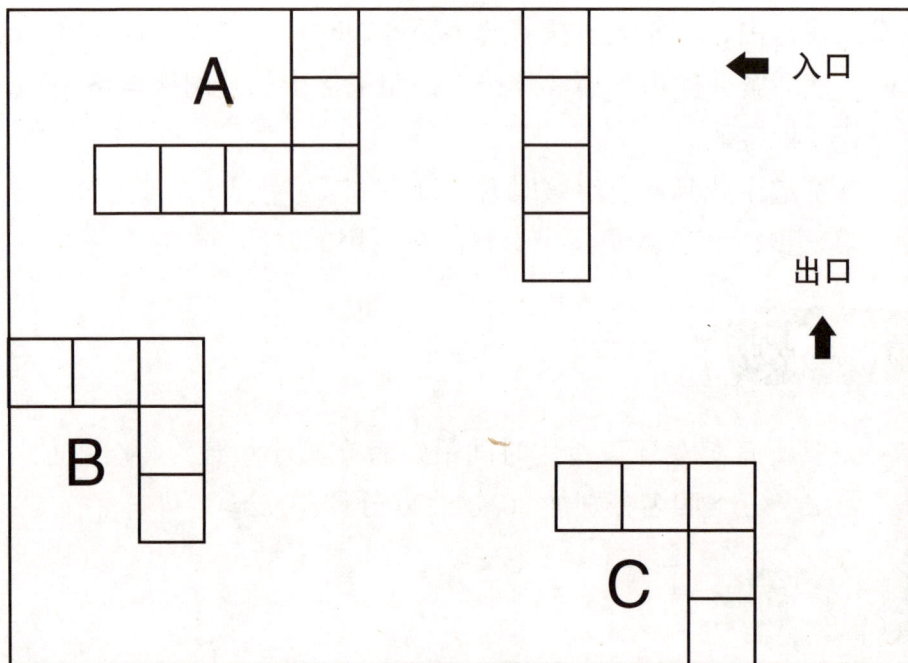

迷宫 2

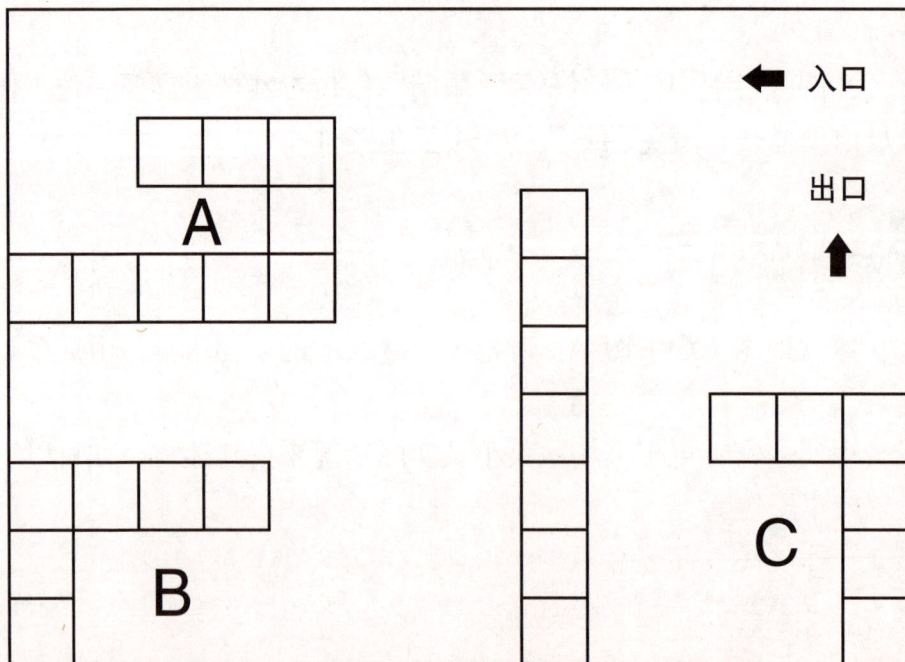

迷宫 3

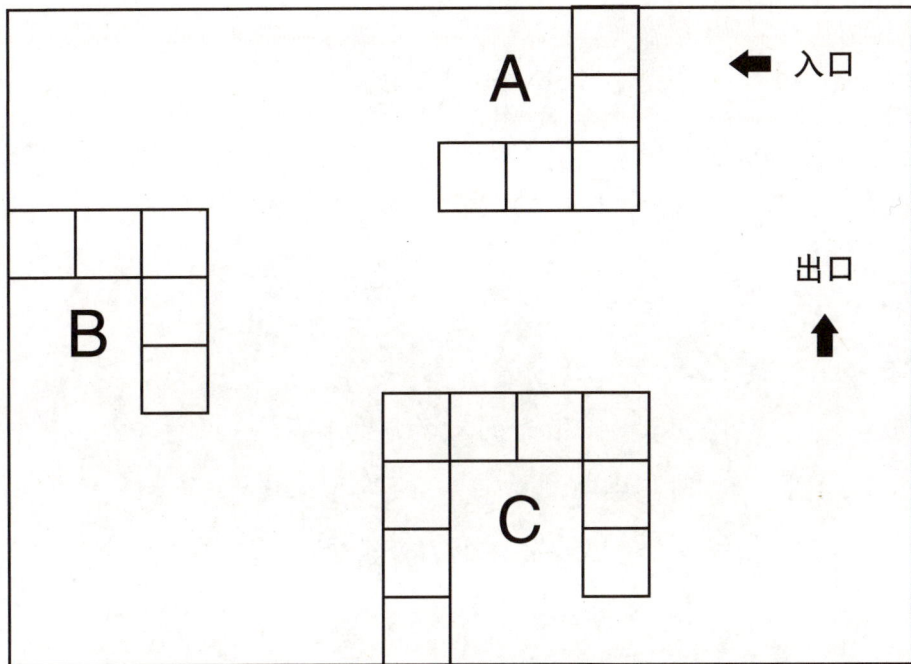

迷宫 4

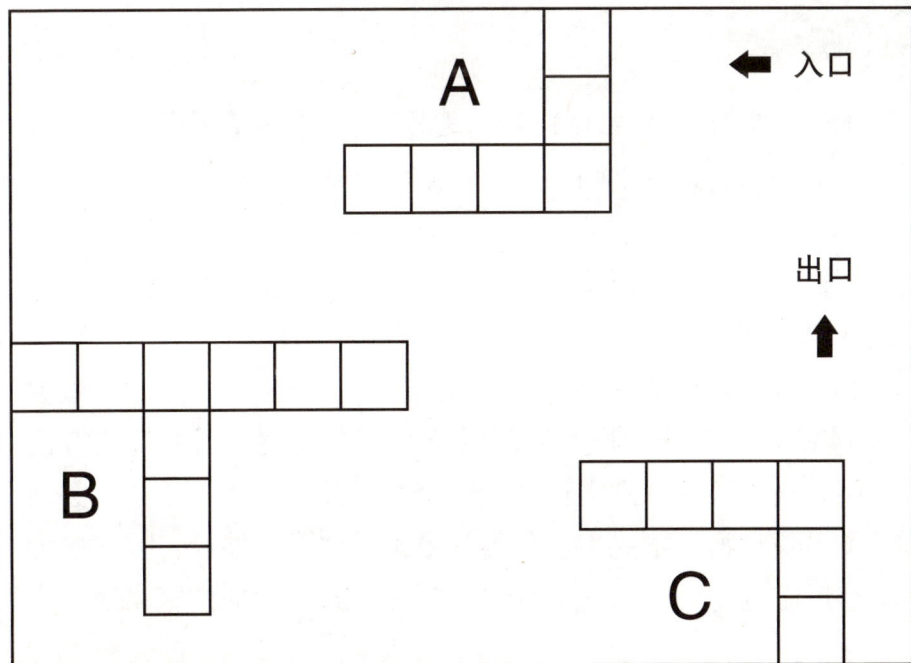

金牌导游

（姜 哲 高 悦）

活动时间：20分钟左右

活动道具：1张大的动物园地图（A3纸打印），4张小地图（A4纸打印），铅笔和橡皮

活动人数：20人（可分为4组，每组5人）

活动形式：全员参与

活动程序

　　本活动以小组为单位进行，要求小组成员根据给定的游览规则，在动物园的地图上画出最短的游览路线。

　　第一步，展示地图。张贴一张有标识的动物园地图（A3纸打印），主持人指着图依次介绍每个建筑和道路，确保队员对地图有一个整体的认识和理解。

　　第二步，讲解活动要求。给每组发放一张与张贴地图一致但稍小（A4纸打印）的动物园地图以及铅笔和橡皮。由主持人宣读游览规则，其中游览规则中包含若干个经过设计的条目（如：必须要看一类灵长动物，不能去看鸟类等等）。比赛开始后，要求参加者在不违反游览规则的情况下尽快绘制出一条最短的游览路线。

第三步，正式比赛。各组成员坐在一起，开始正式比赛。参加者完成后可迅速举手示意。记录各小组完成快慢的次序。

第四步，第二轮游戏。第一轮结束后，主持人先报告各组在第一轮中的得分，然后宣读第二轮的游览规则，各组成员重新画路线图。建议每次活动进行 5 轮游戏，主持人也可根据实际情况进行调整。

计分规则

原始得分：按每组在每轮游戏中完成的先后次序计分。在正确的前提下，每轮游戏第一个完成的小组得 4 分，第二个得 3 分，依次类推。如果回答错误（路线画得有误，如起终点不正确或并非最短等）计 0 分。5 轮得分之和即为该小组的原始得分。

最终得分：原始得分最高的小组在其最终得分上加 40 分，第二名加 30 分，第三名加 20 分，第四名加 10 分。

注意事项

1. 在活动开始前，每组前面放一张桌子。放有地图、铅笔和橡皮。每组队员坐在一起。

2. 每组安排一名工作人员对队员进行监督，提醒参赛队员遵守比赛规则。同时协助主持人判断各组完成的次序及答案正确与否。

3. 本游戏的时间比较灵活，主持人可以根据活动规划和完成的实际情况决定做几轮游戏。

4. 答案公布后，如果大家有疑问，主持人可以指着张贴出来的地图给大家讲解，统一意见后再进行下一道题目。

参考材料

1. 有标识的动物园地图一张，如图 4 所示，可用 A3 纸打印。同样较小的地图 4 张，每组一张，A4 纸打印。

2. 游览规则示例：

（1）你现在在看袋鼠，等一会儿要去看犀牛。

（2）你现在在入口处，要先看金鱼，然后再看犀牛。

（3）你现在在入口处，要看河马、牦牛，但不能经过狮虎山。

（4）你现在在狮虎山，想看鸳鸯，但不能经过大象馆。

（5）你现在在看中型猛兽，要出园，途中还想再看一下鸳鸯。

菜园·果园·动物园

（韩 婷 龚先旻）

活动时间：共10分钟左右（视人数情况而定）

活动道具：无

活动人数：20人（可分为4组，每组5人）

活动形式：全员参与

活动程序

活动的主要任务是让参赛队员尽可能多地说出同一种类下的不同物品名称。

第一步，熟悉节拍。讲解正式规则前，先熟悉一下打节拍：先做拍手动作两次（速度为一秒一次），然后双手拍打大腿两次（速度也是一秒一次）。

第二步，说明活动规则。所有参赛队员围成一圈，不同组的成员交替排列。由主持人起头，所有队员开始打节拍，此节拍贯穿整个比赛过程中。等节拍稳定后，由主持人选择菜园、果园和动物园中的任意一个，并指定任意一名参赛选手说出相应类属的名词（如主持人说果园，被指定的队员可以说任意一种水果，如苹果、梨等）。第一名队员说完后，其右边的队员接着说，依次类推。每个队员说出的名称不能重复，若出现重复，主持人提醒该队员换一个答案。

在拍手拍腿动作 3 个回合后仍然说不上来，则队员淘汰出局（注意整个过程最好由工作人员带领拍节奏，以免出乱），其他队员依次进行新的一轮活动。在新的一轮游戏里面，前面轮次说过的答案可重复。

第三步，工作人员向参赛队员示范游戏玩法，保证参赛队员已正确理解规则。

第四步，准备好后即可开始比赛。

计分规则

原始得分：被淘汰的队员向记分员报告自己的组别，第一个被淘汰的队员在其小组原始得分上加 1 分，第二个被淘汰的加 2 分，依次类推。各小组成员得分之和为该小组总原始得分。

最终得分：总原始得分最高的小组在总得分上加 40 分，第二名加 30 分，第三名加 20 分，第四名加 10 分。

注意事项

1. 可以根据实际情况调整任务难度，比如放慢节拍的速度，允许有足够的思考时间等等。

2. 需要多名工作人员协助主持人判断队员说的答案是否与前面队员说过的答案重复。

参考材料

无特殊材料，只要队员说出的名称属于相应的类别即可。组织者也可以灵活改变类别名称，即不只局限于果园、菜园和动物园，还可以是其他的类别，比如体育运动项目等。

比比看谁说得多

(李　燕　龚先旻)

> 活动时间：每个小组 3 分钟
> 活动道具：计时器，写着词语种类名称的卡片
> 活动人数：20 人（可分为 4 组，每组 5 人）
> 活动形式：全员参与

活动程序

　　活动的主要任务是让参赛队员尽可能多地说出同一种类下的不同物品名称。

　　第一步，向参赛选手展示词语种类卡片，并说明其用途。

　　第二步，说明活动规则。各组依次参与。每个小组选出一名选手，选手随机抽取一张卡片，卡片上写着一个表示某种种类的词语，主持人大声读出该词语，读完最后一个字工作人员开始计时。小组选手开始尽可能多地列举该种类下的物品名称。比如，如果卡片上写着"超市物品"，那么，该选手应尽可能多地大声说出经常出现在超市的物品名称，重复的名称只算 1 次。其他选手可以提示发言人，但工作人员注意只有发言人说的答案是有效的。

　　种类举例有高低两个难度，各小组可以选择任意一种难度进行挑战，难度高的每答对一个名称加 2 分，难度低的每答对一个加 1 分。

第三步，工作人员向参赛队员示范游戏玩法，保证参赛队员已正确理解规则。

第四步，准备好后即可开始比赛。

计分规则

原始得分：选择高难度的小组原始得分＝正确的数量 ×2 分，选择低难度的小组原始得分＝正确的数量 ×1 分

最终得分：原始得分最高的小组在其最终得分上加 40 分，第二名加 30 分，第三名加 20 分，第四名加 10 分。

注意事项

需要有专门的工作人员记录选手的答案，并评分。

参考材料

可以根据情况自定种类名称，将其打印在卡片上。

低难度的种类可以包括水果、蔬菜、动物、明星等。

水果	蔬菜
动物	明星

高难度的种类可以包括国家名、各国家的首都名等。

国家名	各国家的首都名
汽车品牌	河流或湖泊名

抓小鸟

（钟佩妍　王倩蓉）

> 活动时间：5 ~ 8 分钟
> 活动道具：无
> 活动人数：20 人（可分为 4 组，每组 5 人）
> 活动形式：全员参与

活动程序

本活动要求参赛队员在听到特定词语的时候，迅速抓住同伴的手，并保证自己的另一只手不被同伴抓到。

第一步，讲解游戏规则。要求参赛队员听故事的同时，对出现的关键词信息做出相应的双手反应。（本例的关键信息为"鸟类"名称。）

第二步，准备阶段。主持人要求所有参赛者围坐成一圈，同组成员要分开坐。每人向身体两侧伸出自己的左手和右手，左手伸出大拇指，右手张开手掌使掌心向下；同时，每个参与者需要将其左手大拇指顶在其左侧参与者的右手掌心下，并将其右手掌心搭在其右侧参与者的左手大拇指上。通过这种方式，所有参与者的手臂会依次相连，形成一个圆圈。

第三步，听故事，做判断。主持人现场读一段故事，故事中包含很多的词汇，要求参赛者在听到关于"鸟类"名称的词汇时，迅

速用其右手抓住其右侧选手的大拇指，同时快速收回自己的左手，以保证它不被自己左侧的选手抓到。在故事中，鸟类名称的词汇会不定时多次出现，每一次凡是被抓到手指的参与者都会被淘汰出局。

第四步，当故事全部念完后，仍留在场上的选手为最后胜利者。

计分规则

原始得分：淘汰制，反向计分。按照参赛者被淘汰出局的先后顺序依次加1分，2分，3分……最后留在场上的参赛者得分最高。

最终得分：原始得分最高的小组将在其最终得分上加40分，第二名加30分，第三名加20分，第四名加10分。

注意事项

需要多名工作人员协助主持人判断选手的反应是否正确。

参考材料

例1：

秋天到了，勤劳的小动物们都带着自己的劳动成果，庆祝共同的丰收。猴子怀里抱着粉嫩的水蜜桃，旁边的麻雀看得直流口水。茂密的大树上，一只大猩猩正忙着摘苹果，一不小心，苹果扑通一声掉进了下面的池塘里，差点砸到池塘里的丹顶鹤，吓得丹顶鹤扑腾起翅膀。松鼠看到了这一幕，咯咯直笑，而啄木鸟不愧是称职的医生，认真地捉虫子，不理会旁边的动静。黄莺唱起了动听的歌曲，引得蝴蝶翩翩起舞。蜜蜂也拿出了自己酿的蜂蜜来和大家分享，狗熊可乐坏了，蜜蜂邀请喜鹊也尝一点，喜鹊说："我不喜欢吃甜的。"

乌龟和乌鸦一起玩得很开心，它们在玩"石头剪子布"。乌龟出拳，乌鸦出剪刀，乌龟赢了，乌鸦很不服气，还想继续玩。乌鸦妈妈喊它回家吃饭，小乌鸦磨蹭着不肯走，妈妈说："按时吃饭，快快长大，你就能飞得跟老鹰一样快啦！"

例2：

森林里正在举行一场精彩纷呈的飞行运动会。飞行快速跑道上，几位飞行高手正快速前进，百灵鸟以小巧、灵活的身姿遥遥领先；乌鸦大师和喜鹊女郎不分上下，无奈喜鹊是女士，一向讲究风度的乌鸦只得让她三分；大雁们习惯性地排好人字队列，领头的大雁还不时地引导同伴欣赏沿途风光，真是一心二用；燕子虽然穿了件修身西服上场，却并不比其他选手逊色，它一会儿就超越了黄鹂，真不愧是"拼命三郎"啊！快了，马上就要到终点了。"加油！""百灵鸟你最棒"，原来百灵鸟正极速前进，不顾一切地冲向终点，把原来的领先优势进一步扩大，将其他参赛选手远远地甩在了后面。哇塞，百灵鸟在欢呼声中成功地摘取了桂冠，登上了鸟类飞翔冠军的宝座！

例3：

乌鸦和麻雀都是动物学校的学生。乌鸦在班上是出了名的笨，但是它坚信笨鸟能先飞，它每天花在学习上的时间和精力要比别人多很多。而麻雀，总自以为聪明，取笑乌鸦的学习方法笨，自己讲究的是学习效率。麻雀每天上课认真听讲，但从不愿意用课余时间读书。虽然它们坚持不同的学习方法，但乌鸦和麻雀都相信自己能在考试中取得好成绩。就这样，到了学期末，没想到期末考试的结果让大家大跌眼镜。它们都没有取得理想的成绩。乌鸦和麻雀大惑不解，它们带着疑惑去问它们的老师——夜莺。夜莺老师说："你们应该把自己本身具有的，与别人的优点结合起来。乌鸦你有毅力，你应该学习麻雀的技巧和方法。而麻雀，你则应该学习乌鸦的那种毅力。"它们听了若有所悟地点了点头。于是乌鸦与麻雀取长补短。又一次考试来临，它们终于都取得了很好的成绩。

警察抓小偷

（孙菱卿　龚先旻）

活动时间：5分钟左右

活动道具：计时器

活动人数：20人（可分为4组，每组5人）

活动形式：每组派出一名或多名选手参与

活动程序

活动的主要任务是让参赛选手快速地做出反应。

第一步，每组派出选手，所有选手围坐成一圈。

第二步，说明活动规则。主持人随机指定其中一名选手警察。警察说"我是警察，我来抓小偷"，剩下的参与者说"要抓谁？"警察就可以说出自己想抓的人的特点（比如，"穿黑色鞋子的人"、"没戴眼镜的人"等等）。被警察指定的人必须在3秒内站起来，如警察说要抓穿着黑色鞋子的人，所有穿黑色鞋子的选手必须在3秒内站起，没有穿黑色鞋的选手继续保持坐姿，反应错了即被淘汰出局。

作为警察的选手每次只能说出小偷的一个特征，说完之后不管有没有人被淘汰，都按逆时针方向轮到下一位选手当警察。直到淘汰至只剩下一名选手为止，如果比赛进行5分钟后还有多名选手在

场，则这些选手并列第一名。

第三步，工作人员向参赛队员示范游戏玩法，保证参赛队员已正确理解规则。

第四步，给第一个参赛小组发放材料，准备好后即可开始比赛。

计分规则

原始得分：淘汰的选手向工作人员报告自己的组别。最先淘汰的选手加 1 分，第二名被淘汰的选手加 2 分，依次类推。各小组成员得分相加即为小组原始得分。

最终得分：小组原始得分最高的在其总分上加 40 分，第二名加 30 分，第三名加 20 分，第四名加 10 分。

注意事项

1. 可以根据实际情况延长或减少反应时间来降低或增加任务难度。

2. 主持人每次在警察说出小偷特征后开始大声倒数 3 秒，以维持活动节奏。

我转、我转、我转转转

（何喜龙　高　悦）

活动时间：15分钟左右

活动道具：图例卡片2张，比赛用卡片20张（A3纸打印），计时器一个

活动人数：20人（可分为4组，每组5人）

活动形式：全员参与

活动程序

给参赛队员呈现一些卡片，每张卡片上有一行4个沿不同方向（上、下、左、右）印刷的麻将牌（七饼、幺鸡），要求参赛队员又快又准地说出这一行中每个图形的方向是正的还是反的。各组轮流进行。

第一步，展示图例。主持人告诉队员下面活动会用到的麻将牌，有的是正的，如图1；有的是反的，如图2。

图 1 正向图例

图 2 反向图例

第二步，规定方向。主持人将正"七饼"和"幺鸡"向右（以参赛者的方向为标准）旋转 90 度，说："这个方向你们看来是右，还可以再旋转，依次是上、左、下、右（主持人按顺序依次旋转卡片）。无论这个"七饼"（"幺鸡"）怎么旋转，我们都可以判断他是一个正的图片。待全体队员明白后，再按照相同的方向旋转反的"七饼"（"幺鸡"），依次讲解方向，确保每位队员明白旋转的规则。

第三步，练习。演示讲解之后，主持人将正的或反的"七饼"（"幺鸡"）旋转成某一个角度，让队员判断这个图片是正的还是反的，反复做几次，直到所有队员都明白正与反的意思。

第四步，开始游戏。本游戏各组轮流进行，进行的顺序可抽签决定。主持人说"开始"的时候，监督员开始计时。主持人高举卡片，给第一组的第一名队员呈现一张卡片，并要求队员说出卡片上的四张图片是正的还是反的。正确地说完之后，再给第二名队员呈现卡片，要求判断四张图片的正反……如果某队员说错了，必须从头开始直至连续正确说出每张图片的正反为止。在队员进行判断时，其他队员可以一起在心里判断并进行监督。最后一名队员完成任务之后，停止计时，记录该组完成的时间。

计分规则

按每组完成任务的用时长短计分。用时最少的组在其最终得分上加 40 分，第二少的组在其最终得分上加 30 分，依次类推，最后一名加 10 分。

注意事项

1. 提醒参赛队员要判断图片是正的还是反的，而不要在意图片摆放的方向与角度。反复演示讲解规则直到所有的队员明白为止。

2. 每组安排一名工作人员对队员进行监督，提醒参赛队员遵守比赛规则，当发现队员说错时，要提醒其从头说起。

3. 主持人呈现卡片时，注意要适当高举，以便观众以及其他参赛队员也能看见。

参考材料

1. 示例图片和比赛材料用 A3 纸呈现。正式比赛材料每张 A3 纸上印有四个需要队员判断的图形。

2. 在制作卡片的过程中，图片的方向有四种，上、下、左、右。方向可以任意选择，为了工作人员方便监督参赛队员判断是否正确，可以事先有规律地设定正反图形的顺序。如：

第一名队员须判断的正反顺序是：正反反反

第二名队员须判断的正反顺序是：正反反反

第三名队员须判断的正反顺序是：反反正正

第四名队员须判断的正反顺序是：正反反反
第五名队员须判断的正反顺序是：反正反反
不同方向的图片材料，参考如下图。

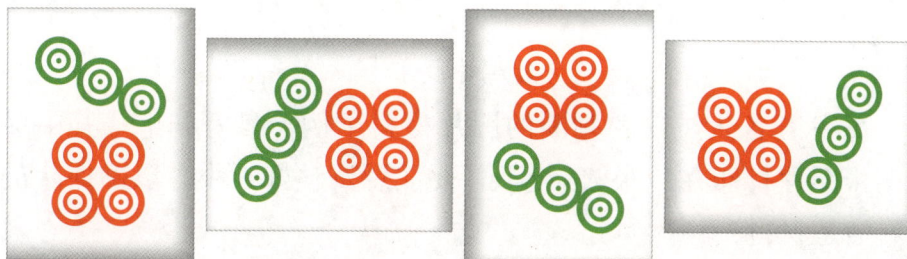

七饼（正）

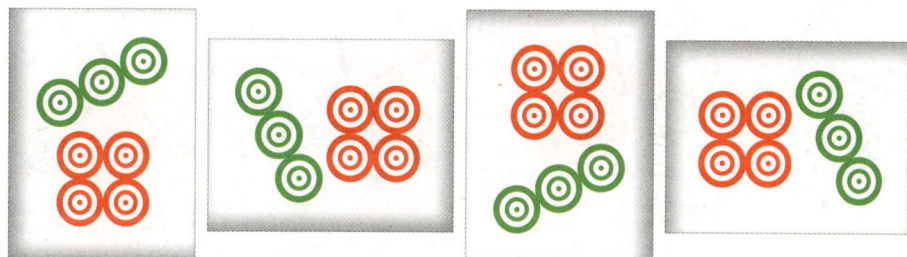

七饼（反）

幺鸡（正）

幺鸡（反）

每组五名队员需要判断的图片材料举例，参考如下。其中横排四张图片打印在一张 A3 纸上，要注意调整好大小，以确保队员能看清楚材料：

第一名队员：

第二名队员：

第三名队员：

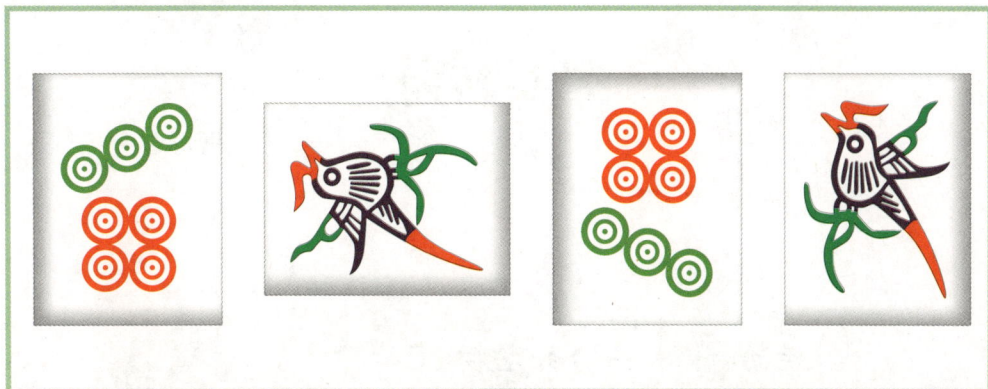

第四名队员：

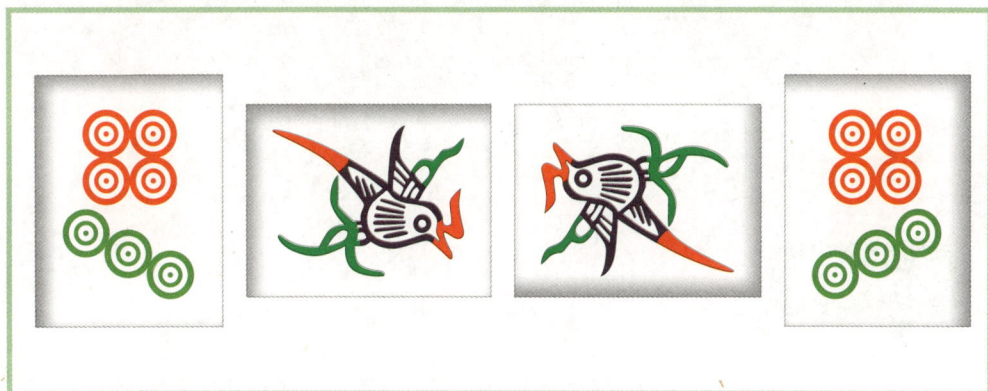

第五名队员：

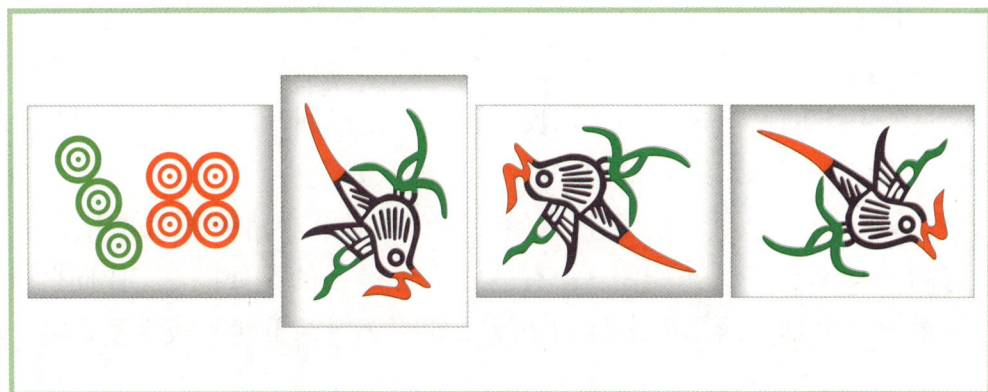

晕头转向

（刘亚静　高　悦）

> **活动时间：** 15 分钟左右
> **活动道具：** 图例卡片 2 张，字母卡片 16 张，
> 　　　　　　计时器
> **活动人数：** 20 人（可分为 4 组，每组 5 人）
> **活动形式：** 全员参与

活动程序

　　本活动以小组为单位依次进行。要求每组选出四名队员判断图片材料的方向并大声说出答案，如果判断有误，须重新判断，正确完成任务的时间越短，成绩越好。另外，一名队员负责记忆这四名队员各自判断的最后一个图形的正反，并在该组完成图片正反的判断后将答案回忆出来，如"正反正正"。正确回忆出答案，包括顺序和方向，即为该组赢得 10 分。具体程序如下：

　　第一步，展示图例。主持人给参赛队员讲解活动中用到的卡片，有的大字母是正的，如图 1；有的大字母是反的，如图 2。要向队员讲解需要判断的是大字母的正反，如图 2 中，虽然组成大字母的

小字母是正向，但其组成的大字母"F"是反向的，所以要忽视小字母的方向而判断大字母的正反。

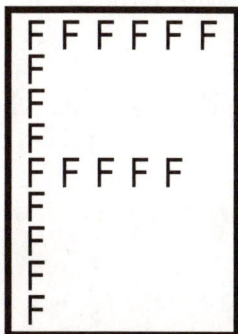

正向图例
图1

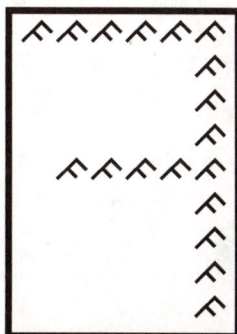

反向图例
图2

第二步，规定方向。主持人将正向字母"F"顺时针旋转90度，说："这个方向你们看来是左，还可以再旋转，依次是上、左、下、右（主持人按顺序依次旋转卡片）。无论这个字母"F"怎么旋转，我们都可以判断他是一个正的字母。待全体队员明白后，再按照相同的方向旋转反的字母"F"，依次讲解方向，确保每位队员明白旋转的规则。演示讲解之后，主持人将正的或反的字母"F"摆成一个方向，让队员判断这个字母是正的还是反的，反复做几次，直到所有队员都明白正与反的意思。

第三步，讲解比赛规则。本活动以小组为单位进行，各组比赛的顺序可由抽签决定。比赛时参赛的小组站到场地中央，负责记忆答案的队员与主持人站在一起。主持人说"开始"的时候，工作人员A开始计时，工作人员B将图片材料按顺序呈现给队员进行判断，每个人判断4个图形，打印在一张纸上。工作人员B面向观众，保证观众和其他组员也可以看到图片。如果某队员说错了的话，

必须从头说起直至连续正确说出每个字母的正反为止。当最后一名队员完成任务后，计时停止，记录该组所花费的时间。同时，请负责记忆答案的组员依次回忆前四名队员所判断的最后一个图片的正反。

第四步，正式比赛。第一组队员站到场地中间，工作人员准备就绪后，开始正式比赛。

计分规则

计分分为两个部分，即每组完成任务所花费的时间多少以及是否正确回忆出答案。按照计时，花费时间最少的小组记4分，第二少的小组记3分，依次类推，最后一名记1分。按照回忆，正确回忆出答案的组（包括顺序和方向都正确）加1分。其中任意一项有错误，如顺序不对或方向回忆错了，记0分。

注意事项

1. 提醒参赛队员要判断卡片上的大字母是正的还是反的，而不要在意小字母的方向。要反复演示讲解规则直到所有队员明白为止。

2. 每组安排一名工作人员对队员进行监督，提醒参赛队员遵守比赛规则，当发现队员说错时，要提醒其从头说起。

3. 如果队员在比赛过程中对结果有异议，工作人员要为该队员耐心讲解，统一意见后再进行下一步的比赛。

4. 若参赛的老年人有不熟悉英文字母的，可以将材料换成数字，设计思想相同。

参考材料

1. 示例图片和比赛材料用 A4 纸呈现。

2. 在制作卡片的过程中，图片的方向有四种，上、下、左、右。方向可以任意选择，为了工作人员方便监督参赛队员方向判断及答案回忆是否正确，可以事先有规律地设定正反图形的顺序。如：

第一组

第一名队员须判断的正反顺序是：正正反反

第二名队员须判断的正反顺序是：反正正反

第三名队员须判断的正反顺序是：正反反正

第四名队员须判断的正反顺序是：反反反正

正确的回忆答案应为——反反正正

不同方向的图片材料，参考如下图。

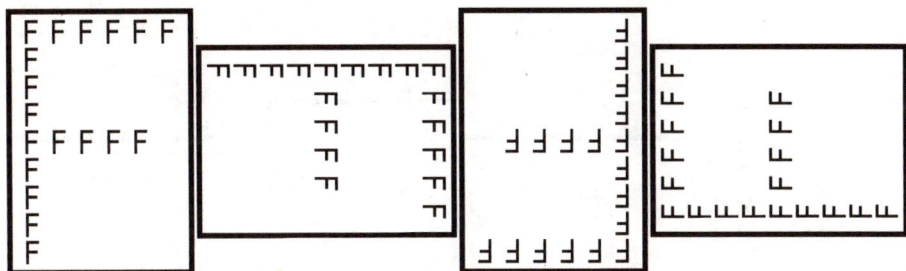

大字母正向，小字母正向

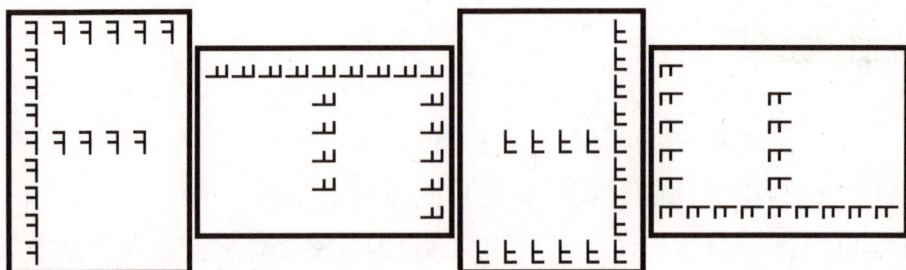

大字母正向，小字母反向

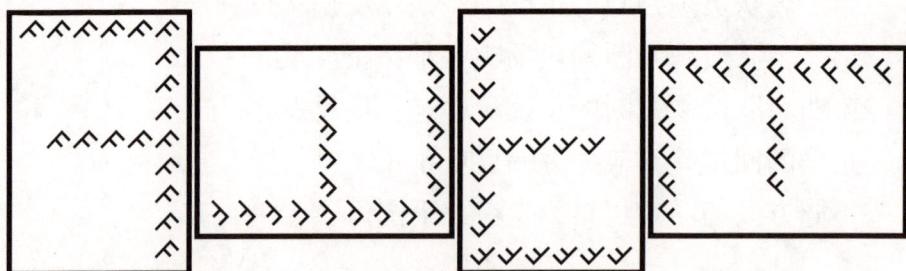

大字母反向，小字母正向

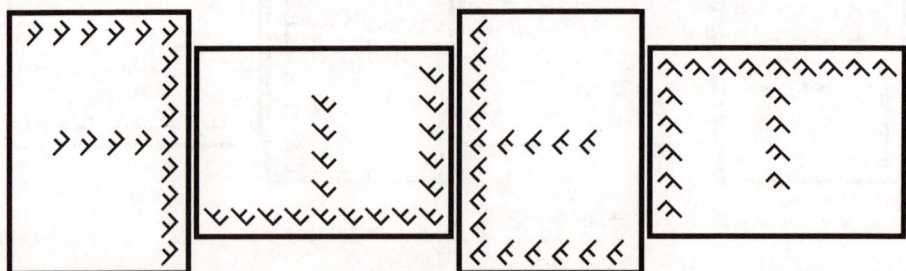

大字母反向，小字母反向

每组四名队员需要判断的图片材料示例，以第一组为例。其中横排四张图片打印在一张 A4 纸上，要注意调整好大小，以确保队员能看清材料：

第一组

第一名队员：

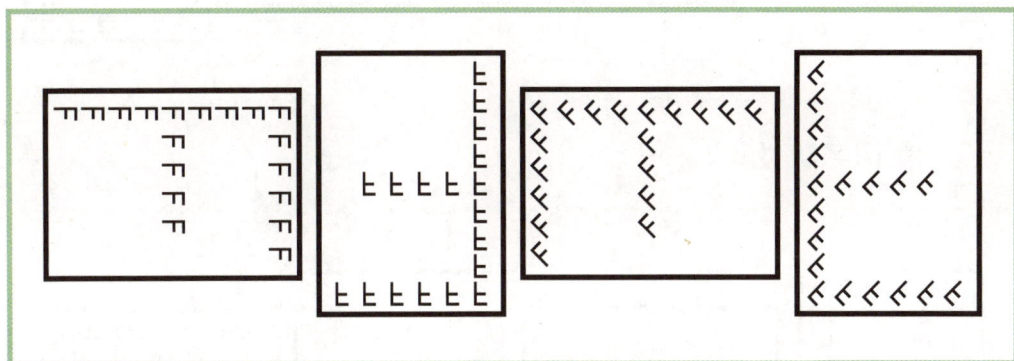

第二名队员：

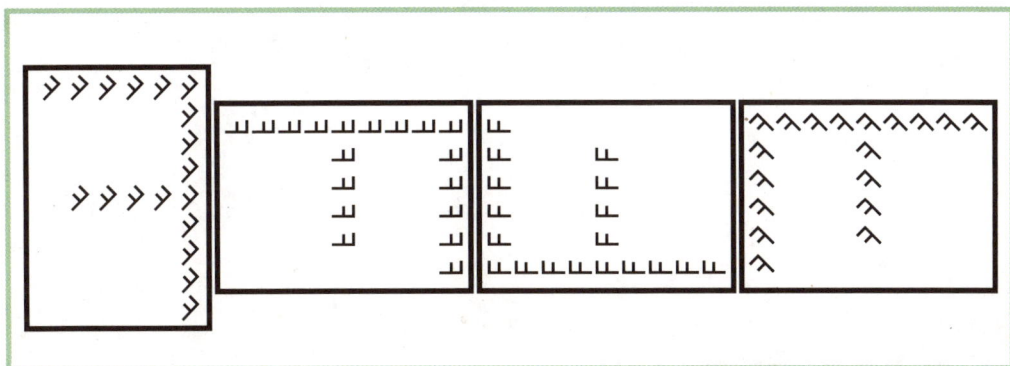

第三名队员

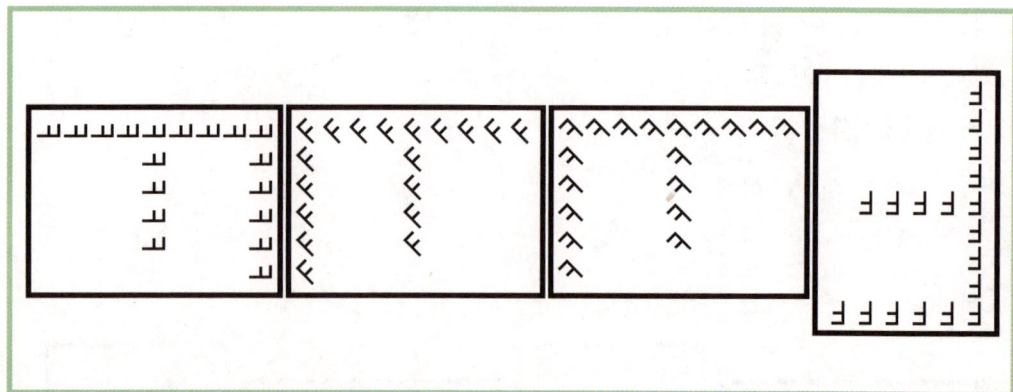

第四名队员

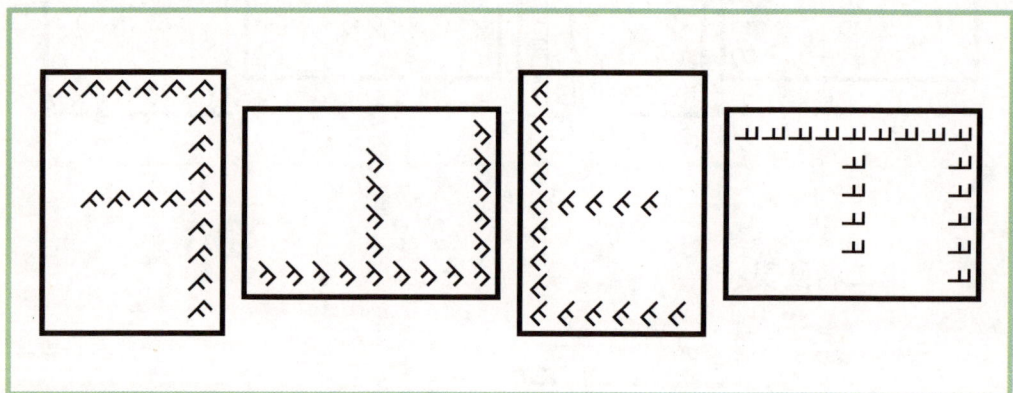

疯狂的魔方

（马秀萍　高　悦）

活动时间：15分钟左右

活动道具：魔方一个

活动人数：20人（可分为4组，每组5人）

活动形式：全员参与

活动程序

给参赛队员呈现一个魔方，魔方的每一面的颜色相同，魔方某一面正对着参赛者放好。主持人宣读指导语，即魔方按某些方向进行旋转。实体的魔方不动，要求参赛队员在心里按照指导语旋转魔方，并判断旋转后的魔方正对着自己的是哪一面。以小组为单位进行抢答。

第一步，展示魔方。主持人向参赛队员展示在比赛中将要用到的魔方，着重向参赛队员介绍魔方各个面的颜色。

第二步，规定方向和角度。为保证游戏难度符合老年人的实际情况，本游戏只采取90°旋转。主持人向参赛队员演示魔方旋转的方向和角度。如将魔方向右旋转90°，演示的同时主持人向参赛队员解释旋转后魔方的状态，"原本红色的这一面是正对着我

们的，但魔方向右旋转了 90° 后，变成了红色面右边相邻的绿色面正对着我们"。待全体参赛者明白后，再分别向上、下、左旋转 90°，依次进行讲解。确保每位队员明白旋转的规则。

第三步，练习。演示讲解之后，主持人给参赛队员呈现一个魔方，某一面正对着参赛者放好。主持人宣读练习指导语，即魔方按某一方向进行旋转，让队员判断旋转之后魔方正对着自己的是哪一面。反复做几次，直到所有队员都明白魔方旋转的规则。

第四步，讲解比赛规则。主持人宣布开始比赛，并给参赛队员呈现一个魔方，将某一面正对着参赛者放好，宣读旋转指导语。宣读结束之后，参赛队员对照着静止的魔方在心里进行旋转，想好答案后举手抢答。如果答案正确，则为该组加分，继续下一题；如果答案错误，则继续抢答。

计分规则

每抢答对一道题目得 10 分，最高可以获得 60 分，最低 0 分。

注意事项

1. 由于本游戏涉及到魔方的各个面有不同的颜色，参赛队员可能记不住魔方相邻的，或相对面的颜色。所以在比赛中，允许参赛队员起立查看魔方不同面的颜色。如果条件允许，可以每组安排一个魔方，由工作人员拿着，以方便参赛队员查看。

2. 本游戏的难度可由主持人灵活掌握。如果参赛队员表现较好，可适当增加难度：一道题涉及两个或三个旋转规则，同时引入其他角度，如"先将魔方向下旋转 90 度，再向右旋转 180°"。

3.如果参赛队员对题目的答案有异议，主持人可以拿着魔方进行操作，同时给参赛队员讲解，统一意见后再进行下一题。

参考材料

魔方旋转示例图：

1.向右（以参赛者的方向为标准）旋转90°，演示如下：

这是一个魔方

旋转前，绿色的面朝向我们

开始向右旋转

旋转90°完成，绿色面右面相邻的橘黄色面对着我们

2.向下旋转 90°，演示如下：

这是一个魔方

旋转前，绿色的面朝向我们

开始向下旋转

旋转 90° 完成，绿色面上
面相邻的黄色面朝向我们

颜色算数接力

（龙 艳 龚先旻）

活动时间：每组 3 分钟左右

活动道具：信封 4 个（等于参赛队伍数），每个信封内装着印有颜色算式的卡片 5 张（等于每组成员数）

活动人数：20 人（可分为 4 组，每组 5 人）

活动形式：可以 4 组同时进行（此时每组需要一名工作人员进行监督），也可分组依次进行（此时需要计时器计时）。

活动程序

活动的主要任务是让参赛队员进行心算。

第一步，展示印有颜色算式的卡片样例，说明颜色算式的含义，红、黄、绿环分别代表数字 7、8、9（参见图例部分）。

第二步，说明活动规则（这里以 4 组同时进行比赛为例）。每组队员坐成一列，工作人员将装有卡片的信封交到每组第一个成员处。待主持人喊"开始"后，每组的第一名队员便从信封中取出一

张卡片,计算上面算式的结果。取出的卡片不放回,把信封传给下一位队员,并告诉他(她)自己的计算结果。第二位队员再从信封里取出一张卡片进行计算,并将自己的计算结果与上一名队员告诉自己的结果进行累加后,将信封传给下一个人,并告诉他(她)累加的结果。依次类推。每组的最后一名队员计算完毕后,旁边的工作人员迅速验证其结果是否正确。若正确则最后一名队员举手示意,任务完成;若错误,则每位队员就自己手上的卡片重新计算一次。

第三步,工作人员向参赛队员示范游戏玩法,保证参赛队员已正确理解规则。

第四步,每小组的监督员到位,准备好后即可开始比赛。

计分规则

最先完成的小组加 40 分,第二名加 30 分,第三名加 20 分,第四名加 10 分。

注意事项

1. 卡片的颜色清晰易辨。

2. 场上参赛人员无红绿色盲。

3. 在比赛过程中应注意:在主持人喊"开始"前,队员不能取出卡片观看;每个队员独自计算,旁边的队员不能予以支持或打扰;每次取出的卡片不放回信封;不能使用计算器或笔记录;最终结果正确才算是任务完成。

4. 工作人员可以事先计算出每个信封里面卡片的最终累加结果,以便迅速地判断结果正确与否。

图例

$$\bigcirc = 9$$

$$\bigcirc = 8$$

$$\bigcirc = 7$$

　　用不同颜色——红、绿、黄给下列式子中的环上色，并打印制作成卡片，每张卡片上只有一个式子。根据参赛人员的数量准备卡片。如

$$\bigcirc + \bigcirc =$$

相应算式 9 + 9 =18

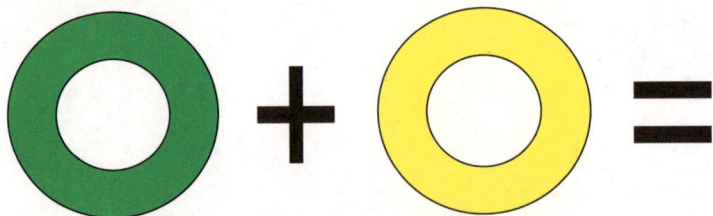

相应算式 9 + 8 =17

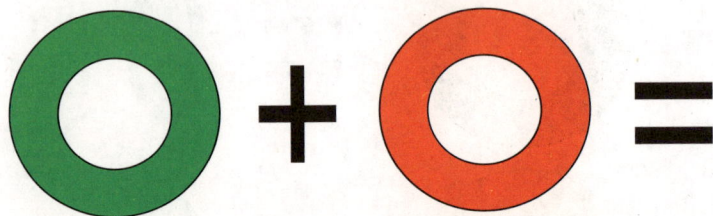

相应算式 9 + 7 =16

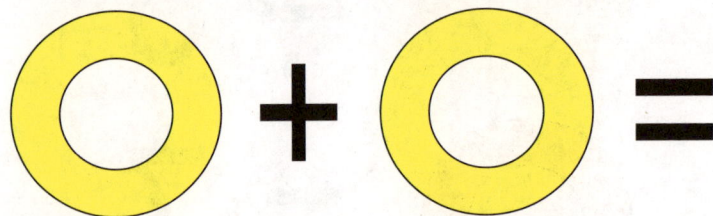

相应算式 8 + 8 =16

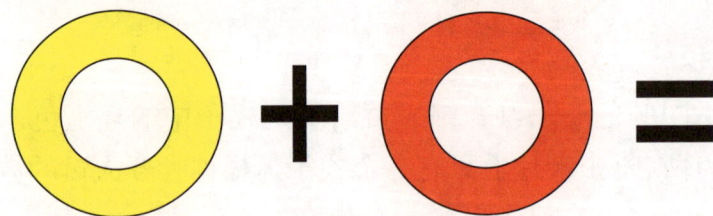

相应算式 8 + 7 =15

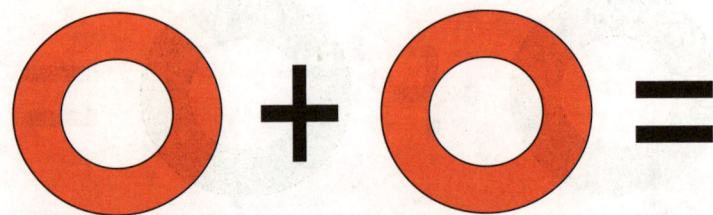

相应算式 7 + 7 =14

算算小明的家里人

（陈雨琪　高　悦）

> 活动时间：15 分钟左右
> 活动道具：无
> 活动人数：20 人（可分为 4 组，每组 5 人）
> 活动形式：全员参与

活动程序

活动要求参赛队员做几道简单的算术应用题，目的在于锻炼队员的工作记忆和心算能力。

第一步，讲解活动规则。主持人每读一道题，各组队员可以讨论并进行抢答。算出结果之后举手示意并站起来说出答案，由主持人进行判断。如果答案正确，则为该组加 10 分，如果答案错误则继续抢答。

第二步，讲解注意事项：①本活动主要是锻炼心算能力，所以不能在纸上或以其他形式记录题目内容和计算过程。②原则上每道题目只读一遍，要求老年人集中注意力听题。但根据老年人工作记忆衰退的实际情况，如果参赛队员普遍表示没记清，或连续三组没有答对正确答案，则再读一遍题目。这一点需要主持人根据现场情况灵活处理。

第三步，开始游戏。

计分规则

每答对一道题目得 10 分，最高可以获得 50 分，最低 0 分。

注意事项

1. 在活动开始前，每组前面放一张桌子。不要有纸和笔。每组队员坐在一起。

2. 每组安排一名工作人员，提醒参赛队员遵守比赛规则，不要记录题目内容和计算过程。

3. 由于老年人的听力、工作记忆容量和反应能力会出现衰退，所以主持人在念题目的时候语速要慢。主持人事先强调每道题只读一遍，但如果参赛队员普遍反映没有记清或出现其他情况，可再读一遍题目。

4. 答案公布后，如果大家有疑问，主持人可以重新念一遍题目并给大家讲解算法，统一意见后再进行下一道题目。

参考材料

每次游戏进行 5 道题目的抢答，共 15 分钟。主持人可根据实际情况灵活确定题目的数量。

题目内容是《算算小明的家里人》，举例如下：

1. 小明的爸爸有 3 个哥哥，1 个妹妹，大哥和二哥都有 1 儿 1 女，三哥有 2 个儿子，妹妹有 1 个女儿。请问小明有几个堂 / 表兄弟，几个堂 / 表姐妹？

答案：4 个兄弟，3 个姐妹。

2. 小明的爷爷有 4 个外孙、2 个外孙女，小明有三个姑姑，大

姑有 1 个儿子，小姑有 1 个儿子、1 个女儿，请问小明的二姑有几个儿子几个女儿？

答案：2 个儿子、1 个女儿。

3.小明有 3 个姨妈，小明的妈妈有 1 个哥哥，2 个弟弟，请问小明的外婆有几个儿子几个女儿？

答案：3 个儿子、4 个女儿。

4.小明的妈妈嫁给小明的爸爸时 24 岁，结婚 3 年后小明出生，今年也就是 2012 年小明 16 岁，请问小明的妈妈是哪一年出生的？

答案：1969 年。

5.小明的姐姐比他大 5 岁，他的哥哥比姐姐大 10 岁，那么小明比他哥哥小几岁？

答案：小 15 岁。

6.小明的奶奶有两个儿子，三个女儿。小明的爸爸共有几个兄弟姐妹？

答案：4 个兄弟姐妹。

7.小明的妈妈有一个哥哥，一个姐姐，哥哥家有 1 儿 4 女，姐姐家有 2 女 3 儿，请问小明共有几个表哥？

答案：4 个表哥。

8.小明的妈妈比他爸爸小 2 岁，比他姑姑大 5 岁，请问小明的爸爸比他姑姑大几岁？

答案：大 7 岁。

9.小明有 3 个叔叔，4 个舅舅，2 个姨和 5 个姑姑。请问小明的奶奶和姥姥各有几个孩子？

答案：奶奶有 9 个孩子，姥姥有 7 个孩子。

10. 小明的妈妈今年 50 岁，小明的年纪是妈妈的一半。小明的爸爸比妈妈大 3 岁，那么小明的爸爸比小明大多少岁？

答案：28 岁。

抱 团

（徐理惠 高 悦）

活动时间：20分钟左右
活动道具：四种颜色的彩色贴纸各5张
活动人数：20人（可分为4组，每组5人）
活动形式：全员参与

活动程序

本游戏考验参与者的心算能力。活动以小组为单位，四组同时进行。每组的每个队员分别代表一个相同的币值，比如，每组的第一位队员代表5角，第二位队员代表2角等。主持人会报一个钱数，如1元5角，参与者在组内"抱团"（队员手拉手组成一个圆圈），要让圆圈的参与者代表的钱币值加起来等于主持人所报的数值。"抱团"要在10秒内完成。抱团结束计算圆圈内钱币值，钱币值正确的圆圈为成功者。

第一步，讲解比赛规则。由工作人员辅助，边演示边讲解。主持人给每一个工作人员赋予相应的钱币值，如1元、2角、1角等，并贴上彩纸写明。然后说："现在每个人都被赋予了一个相应的钱数，下面我说一个钱数，大家开始抱团。要让所抱团的参与者代表的币

值加起来等于这个钱数。大家听懂了吗？现在我们开始，1元5角！"工作人员开始演示抱团，完成后主持人领带参赛队员一起检查各团的币值总和并选出成功的团。在此过程中要注意讲解，确保队员听懂了比赛规则。

第二步，确定币值。本游戏为全体队员参与，四组同时进行。参赛队员站到场地中间，由主持人确定各组参赛者所代表的钱数（2元、1元、5角、2角、1角），并由工作人员贴上相应的彩色贴纸，上面写明币值。

第三步，重复比赛规则，明确计分原则。主持人再跟参赛队员重申一遍比赛规则，确保大家都已经明确。然后讲明计分原则，各组每抱团成功1次，记10分。

第四步，正式比赛。比赛开始，所有参赛队员在场地上走动，打乱顺序。然后听主持人的题目并计算，算出得数后开始抱团。限时10秒，如果10秒到了仍没有成功抱团，则视为失败。

计分规则

原始得分：在10秒钟时间内完成抱团，并且钱币值正确为成功抱团，各组每抱团成功1次，记10分。多次抱团得分相加即为该组原始得分。

最终得分：原始得分最高的小组将在其最终得分上加40分，第二名加30分，第三名加20分，第四名加10分。

注意事项

1.本游戏肢体运动较大，要选择身体条件较好的老年人参加。

在比赛时一定要有工作人员协助，以保证不发生大的身体冲撞，确保老人的安全。

2.注意本游戏中主持人所说的钱数要能够由参赛队员所代表的币值计算得出。

参考材料

本游戏用到的钱数举例如下：

钱　数	
1元8角	1元3角
2元	1元7角
1元1角	8角
7角	3角
1元4角	1元9角

本游戏中将用到的币值标签如下：

1元	5角	2角	1角	1角

绕来绕去

（杨秀杰　高　悦）

活动时间：15 分钟左右

活动道具：纸、笔若干

活动人数：20 人（可分为 4 组，每组 5 人）

活动形式：全员参与

活动程序

本活动以小组为单位进行抢答。要求参赛队员根据主持人的指导语进行推理，目的在于锻炼队员的推理能力。活动分为两轮，第一轮为回答题目，即队员根据主持人所说的题目进行推理，给出答案；第二轮为自编题目，增加难度，队员需要根据推理结果和主持人给出的推理要求，自编符合结果和要求的题目。具体如下：

第一轮：回答题目。

第一步，讲解规则。主持人每读一道题，各组队员可以相互讨论或自己在心里进行推理并举手抢答。答对则为该组加 10 分，答错则继续抢答。

第二步，练习。主持人讲解完规则之后，给队员出一道题目进行练习。"小明比小红更坏，小黑比小红更好。那么，这三个人里面谁最好呢？"主持人带领参赛队员进行推理，"小明比小红更坏，

说明小红比小明好，而小黑又比小红更好。那么我们可以知道，在三个人里面，小黑是最好的。大家明白这个推理的意思了吗？我们再练习一个题目：小红比小黑矮，小明比小黑高，那么，三个人里面谁是最高的呢？"带队员回答之后，主持人进行必要的讲解，确保所有队员明白推理的规则。

第三步，正式比赛。

第二轮：自编题目。

第一步，讲解规则。推理的人物规定为"小红、小黑、小明"三个人，主持人给参赛队员规定一个推理结果，如，"小明学习最好"，且题目包含的两个语句一个为肯定、一个为否定，如"小明比小红……，小黑没有小红……"。主持人说完推理结果和规则后，喊"开始"。各组队员可以相互讨论或自己在心里思考并举手抢答。答对则为该组加 10 分，答错继续抢答。

第二步，练习。主持人给队员出一道题目进行练习。"如果推理的结果是：小明年龄最小，推理的规则是：题目包含的两个语句都为肯定，那么我们要怎么出这道题呢？大家注意在出题的时候可以使用'年龄大'这个词，如'小红比小明年龄大'；也可以使用'年龄小'这个词，如'小明比小红年龄小'。只要推理结果正确且符合规则就可以。"主持人听参赛者的回答并给予反馈，进一步讲解规则，同时强调正确答案不只一种。确保所有参赛队员都明白游戏规则。

第三步，正式游戏。

计分规则

本游戏采取抢答的方式进行。第一轮共 5 道题，每答对一题记 10 分；第二轮共 5 道题，每答对一题记 20 分。每组最高可得 150 分，最低 0 分。

注意事项

1. 在活动开始前，每组前面放一张桌子，同组的队员坐在一起。由于本游戏有一定的难度，最好提前准备好纸和笔，队员可以进行简单的记录帮助推理。

2. 由于老年人的听力、工作记忆容量和反应能力会逐渐衰退，所以主持人在念题目的时候语速要慢，必要时可以重复两遍。

3. 答案公布后，如果大家有疑问，主持人可以重新念一遍题目并给大家讲解算法，统一意见后再进行下一道题目。

4. 每组安排一名工作人员对参赛队员进行监督，协助主持人处理比赛过程中出现的问题。

参考材料

可参考以下题目：

第一轮题目及参考答案

题　目	参考答案
1. 小红比小黑年龄大，小明比小黑年龄小，谁的年龄最大？	小红年龄最大
2. 小明没有小红爱学习，小黑比小红爱学习，谁最爱学习？	小黑最爱学习
3. 小黑没有小红怕冷，小红比小明怕冷，谁最怕冷？	小红最怕冷
4. 小红比小明眼睛小，小明比小黑眼睛大，谁眼睛最大？	小明眼睛最大
5. 小红没有小明家人多，小黑比小明家人多，谁家人最多？	小黑家人最多

第二轮题目及参考答案

题　目	参考答案
1. 小红最漂亮。（规则要求：题目的两个分句均为肯定句。）	小红比小黑漂亮，小黑比小明漂亮。谁最漂亮？
2. 小黑最不爱运动。（规则要求：题目的两个分句，一个为肯定句，一个为否定句。）	小红比小黑爱运动，小红没有小明爱运动。谁最不爱运动？
3. 小明最爱看篮球。（规则要求：题目的两个分句均为否定句。）	小红没有小明爱看篮球，小黑没有小红爱看篮球。谁最爱看篮球？
4. 小黑最怕黑。（规则要求：题目的两个分句均为否定句。）	小明没有小黑怕黑，小红没有小明怕黑。谁最怕黑？
5. 小红最爱美。（规则要求：题目的两个分句，一个为肯定句，一个为否定句。）	小明比小黑爱美，小明没有小红爱美，谁最爱美？